한중 2가 형용사의 대조연구

한중 2가
형용사의 대조연구

이화자(李花子) 지음

역락

머리말

　형용사는 동사와 같이 서술어로 쓰이면서 문장의 핵심적 역할을 하고 있다. 특히 한국어에서의 형용사는 인구어와 달리 서술어의 일종으로서 동사와 매우 흡사한 성질을 갖고 있다. 기존의 연구를 보면 한국어 형용사에 대한 본체론적인 연구나 대조의 측면에서 진행한 연구가 있다. 하지만 결합가 이론의 측면에서 진행된 연구, 특히 대조연구는 상대적으로 적었다.
　결합가 이론에 따라 한국어 형용사는 1가 형용사, 2가 형용사, 3가 형용사로 나눌 수 있다. 이 책에서는 결합가 이론을 바탕으로 한국어와 중국어의 2가 형용사에 대하여 통사적 측면과 의미적 측면에서 대조연구를 진행하였다. 그리고 한국어와 중국어의 2가 형용사의 특징에 대한 대조분석을 바탕으로 두 언어의 형용사 구문의 대응형식을 탐구하였다. 처음 욕심대로라면, 이 책에서는 논항 구조의 의미역에 대해 더욱 깊은 논의를 진행하고 싶었지만 필자의 역량 부족으로 이에 대한 세부적인 논의가 전면적으로 이루어지지 못하였다. 또 이 책의 일부 내용은 필자 개인의 주관적 견해에 불과한 이론적인 허점도 여러 군데 보인다. 이 책에서 다루지 못한 부분은 연구과제로 남겨두고 향후에 논의할 것을 약속하며 선후배 연구자들의 보다 확대, 심화된 연구 참여를 기대한다.
　필자가 걸어온 학문의 길을 돌이켜보면 고마운 분들이 참 많다. 저를 학문의 길로 이끌어주신 남경대학교 이금화 선생님, 저의 박사 지도교수 상해외국어대학교의 김기석 선생님, 그리고 상해외국어대학교에서 공부하는 동안 저를 도와주신 김충실 선생님, 이춘호 선생님, 고육양 선생님. 선생님들의 아낌없는 지도와 사랑은 저로 하여금 학문의 "학"자도 모르는 단계에서 지금은 대학교에서 학생들을 가르치는 선생님으로 성장하게 하였다. 지금 교단에 서서 학생들을 가르치면서 다시금 선생님들의 학술에 대한 갈망과 생활에 대한 열정, 학생에 대한 책임을 느끼게 되었다.

그리고 지금은 하늘나라에 계신 저의 아버지께 진심으로 감사드린다. 아버지께서 삶에 대한 열정과 태도는 제가 모든 어려움을 극복하고 앞으로 나아갈 수 있는 든든한 버팀목이다. 또한 나의 힘의 원천이자 삶의 원동력인 가족에게 감사드린다. 필자가 어떤 일을 하든지 항상 응원해주고 지지해주는 나의 남편, 엄마가 정서적으로 불안정하여 심하게 꾸짖고 욕하여도 항상 사랑한다고 표현해주는 우리 딸 문이, 비록 가족들에게 미안한 마음이 많지만 나의 가족이 저로 하여금 부단히 노력하고 성장하는 힘이다.

끝으로 별 소득이 없을 이 책의 출판을 선뜻 맡아 주신 역락출판사 이태곤 편집이사와 이 책이 세상에 나와 빛날 수 있게 예쁘게 꾸며 주신 편집부 직원께도 진심으로 감사드린다.

이화자(李花子)

차례

머리말·5

서론·11

1. 연구목적 및 연구내용	13
2. 선행연구	17
2.1 한국에서의 결합가 이론 연구와 형용사의 연구	18
2.1.1 한국에서의 결합가 이론 연구현황	18
2.1.2 한국에서의 형용사 연구	26
2.2 중국에서의 결합가 이론 및 형용사 연구	29
2.2.1 중국에서의 결합가 이론 연구	29
2.2.2 중국에서의 형용사 연구	37
2.3 한중 결합가 이론의 대조연구	38
2.4 연구요약	39

제1장 결합가의 확정표준 및 의미역 설정문제·41

1.1 결합가의 성질	43
1.2 필수적 보족어와 수의적 보족어 및 첨가어의 변별기준	44
1.2.1 한국어 필수적 보족어와 수의적 보족어 및 첨가어의 변별기준	44
1.2.2 중국어 필수적 보족어와 수의적 보족어 및 첨가어의 변별기준	48
1.3 결합가의 수량 확정	51
1.4 의미역 설정	52

제2장 한중 2가 형용사의 통사적 구조 · 55

2.1 한중 2가 형용사의 이중주어문   57
2.2 한중 2가 형용사의 기타 문법 구조   60
    2.2.1 '주어+부사어+서술어' 구조   60
    2.2.2 '부사어+주어+서술어' 구조   61
2.3 한중 2가 형용사의 구체적 문형   62
    2.3.1 한국어 2가 형용사의 구체적 문형   62
    2.3.2 중국어 2가 형용사의 구체적 문형   69

제3장 한중 2가 형용사 필수논항의 의미역 및 논항 구조 · 75

3.1 한중 2가 형용사 구문의 의미역   77
    3.1.1 한중 2가 형용사 구문에서 주어의 의미역   78
    3.1.2 한중 2가 형용사 구문에서 부사어의 의미역   87
    3.1.3 요약   94
3.2 논항 구조   95
    3.2.1 한국어와 중국어가 공동으로 취하는 논항 구조   96
    3.2.2 한국어만 취하는 논항 구조   100
    3.2.3 중국어만 취하는 논항 구조   105

제4장 한중 2가 형용사 구문의 대응형식 • 109

4.1 한국어 2가 형용사 구문이 중국어에서의 대응형식　　111
    4.1.1 이중주어문의 대응형식　　112
    4.1.2 '주어+부사어+서술어' 구조의 대응형식　　117
4.2 중국어 2가 형용사 구문이 한국어에서의 대응형식　　123
    4.2.1 'N₁+N₂+A'의 대응형식　　123
    4.2.2 'N₁+对+N₂+A'의 대응형식　　129
    4.2.3 'N₁+A+N₂'의 대응형식　　133

결론 • 137

1. 결합가 이론에서 존재하는 몇 가지 논쟁　　139
2. 한국어와 중국어의 2가 형용사 구문의 통사적 구조　　140
3. 한중 2가 형용사 필수 논항의 의미역과 논항 구조　　140
4. 한국어 2가 형용사 구문과 중국어 2가 형용사 구문의 대응형식　　142

참고문헌 · 144
부록 · 150

서론

1. 연구목적 및 연구내용

한국어 문장에서 동사와 형용사는 서술어로서 문장의 핵심이 되고 있다. 특히 한국어에서의 형용사는 인구어와 달리 서술어의 일종으로서 동사와 매우 흡사한 성질을 갖고 있다. 왕단(2005)에서는 형용사는 어떤 실체를 가리키는 것이 아니라 지시 대상이 실세계에 존재하지 않으면서 그 실체의 속성이나 상태를 나타내는 것이기 때문에 그 외연을 확정하기가 어렵고 유의어와 다의어가 많다는 특징을 갖고 있다고 하였다. 그리고 동사에 뒤지지 않을 만큼 다양하고 복잡한 형태와 통사구조를 가진다고 했다. 중국어의 경우에도 형용사가 서술어의 일종으로 쓰이고 있다는 면에서는 한국어 형용사와 같으며 중국어 형용사도 형태적 구조나 통사적 기능 등의 면에서 한국어 형용사와 비슷한 점을 갖고 있다. 때문에 형용사의 대조연구는 중국인을 위한 한국어 교육이나 한국인을 위한 중국어 교육에 큰 도움이 될 것이다. 하지만 현재까지의 연구를 살펴보면 서술어로 쓰이는 형용사에 대한 본체연구는 수많은 학자들에 의해 연구되어 왔지만 형용사를 결합가 이론의 측면에서 진행한 연구, 특히 대조연구는 상대적으로 적었다. 이 책에서는 결합가 이론을 형용사 연구와 결합하여 한국어와 중국어의 2가 형용사에 대하여 대조연구를 하고 이를 통하여 한중 2가 형용사의 유사점과 차이점을 찾아내는데 그 목적이 있다. 그리고 현재 대학교 교재를 살펴보면 형용사의 출현순서를 사용빈도에 따라 배치하였는데 이보다 형용사들의 통사적 측면까지 고려하여 결합가 이론에 따른 배치를 고려하면 형용사 학습이 더 쉽게 될 것이라는 생각에서 출발하여 대조연구를 하고자 한다.

이 책에서는 한중 양국의 형용사에서 결합가 이론에 근거하여 찾아낸 2가 형용사에 대하여 연구를 진행할 것이다. 2가 형용사란 서술어 기본구조를 구성하는데 있어서 반드시 필요한 명사항이 2개일 경우를 말한다. 우선 이 책에서 반드시 확인해야 할 부분은 결합가의 성질 또는 층위문제, 즉 결합가 이론이 통사적 측면에 관한 연구인가 아니면 의미적 측면에 관한 연구인가 혹은 통사·의미적 측면에 관한 연구인가이다. 다음 결합가 자릿수의 확정에 대하여 학자들마다 자기의 의견을 갖고 있는데 여기에서도 본 연구에 맞는 규칙을 찾아내야 한다. 이것을 규정한 전제 하에 한국의 ≪표준국어대사전≫과 중국의 ≪중국어 형용사 용법 사전≫에서 2가 형용사를 찾아내어 그것을 연구대상으로 삼는다.

결합가 이론, 대조연구 이론, Fillmore의 격 이론 그리고 논항구조 이론을 바탕으로 연구를 진행한다. 대조연구 이론을 바탕으로 삼아 결합가 이론에 따라 한중 형용사 중의 2가 형용사를 찾아낼 것이며 찾아낸 2가 형용사의 통사적 측면과 의미적 측면에 대하여 대조연구를 진행할 것이다. 통사적 측면에서는 2가 형용사의 기본 문형을 귀납하여 대조할 것이고 의미적인 측면에서는 필수논항의 의미역 및 논항구조를 대조연구할 것이다.

결합가 이론은 떼니에르의 ≪구조 통사론 원리≫에서 현대 언어학에 도입된 것이다. 떼니에르(1959)의 문법 모델은 문장을 이루는 요소들이 어떤 지배-종속의 의존적 관계를 이루는 것으로 설명한다. 이것은 엄밀한 동사-중심적인 측면에서 접근하여 동사에 의존하는 요소의 성격에 따라 필수적인 것과 수의적인 것으로 나누고 이때 동사가 취하는 필수적인 구성 요소의 수에 따라 동사의 결합가를 기술하는 것이다. 이러한 이론이 중국과 한국 양국으로 전파되면서 결합가 이론에 대한 연구를 시작하였으며 동사를 시작으로 한 결합가 연구가 지금은 형용사에까지 그 영향을 미쳤고 중국에서는 명사의 결합가를 연구하기도 하였다.

격 이론은 Fillmore(1968)의 ≪The Case for case≫라는 논문에서 제일 처음 제기되었는데 그의 출발점은 격이 결합가 보유어의 보족어에 부여되는 특정 의미 역할을 표시한다는 것이다. 즉 주격은 문장에서 행위자격, 대격은 행위자격과 관련된 피행위자격을 표시한다는 것이다. Fillmore의 논문에서는 두 가지 기본 가정을 바탕으로 출발하는데 첫째: 문법 내에서 형태론에 비해 통사론이 중심적 지위를 차지한다. 둘째: 문장의 통사적 표층구조와 심층구조의 변별이 필요하다. Fillmore는 이 가정에 기초하여 문장구조 기술을 위해 다음과 같은 제안을 했다. 즉 모든 문장은 명제와 양태부로 구성되는데 명제는 동사 및 하나 또는 여럿의 명사구로 보고 부정, 시제, 서법, 상과 같은 양태를 양태부로 보았다. 격 관계는 전통 문법의 격 의미(예를 들면 행위자격, 피행위자격)에 해당하는데 Fillmore의 격 이론은 심층구조와 표층구조의 차이를 둔다는 점에서 전통적인 격과 변별된다. 许余龙(2010)에서도 격에 대하여 3가지로 구분하였는데 첫째는 명사와 동사 사이의 의미 관계를 나타내는 심층구조의 격 즉 행위자, 피행위자, 도구 등을 말한다.

둘째는 굴절 변화 등 격표지 수단으로 나타내는 문법류, 이것을 표층구조의 격이라고 했는데 즉 주격, 여격, 도구격 등을 말한다. 셋째는 명사가 문장에서 실현하는 문장성분 기능 즉 명사가 문장에서 주어의 역할을 나타내는 데 여기서 주어가 하나의 격으로 인정된다. 이 책에서 논의할 격은 许余龙(2010)에서 말하는 첫 번째 격 즉 심층구조 격인데, 서술어가 필수적으로 요구하는 필수적 보족어와 수의적 보족어의 의미역을 찾아볼 것이다.

논항구조란 서술어가 요구하는 논항들이 몇 개 있으며 이들이 의미적으로 어떤 의미역을 갖게 되는지를 표상해 주는 것이다. 서술어의 의미가 구문의 통사적 특성을 결정한다는 생각은 오래 전부터 있어 왔으나 이러한 서술어의 의미와 통사의 상관성에 대한 형식적 설명은 상대적으로 적었다. 논항구조 이론은 바로 논항이 통사적으로 실현되는 양상이 동사의 의미에서 예측된다는 가정 하에 서술어의 의미는 어떠한 틀에 맞추어 표상되어야 하는지 그리고 어휘 의미구조에 의해 논항들이 갖는 의미역은 어떻게 표상되는지, 의미역은 통사적으로 어떻게 실현되는지, 그리고 논항의 통사적 실현 양상을 결정하는 데 관여하는 의미 특성은 무엇인지 등을 탐구하는 것이다. 즉 의미역들이 모여 어떤 논항구조를 실현하는지를 살펴볼 것이다.

오늘날 결합가 이론은 생성문법과 경쟁관계에 있다. 결합가 이론이 개별 언어를 바탕으로 실용적인 외국어 수업을 위해 연구된 이론이라면, 생성문법은 언어의 보편성을 추구하기 위한 일반 언어학적 측면을 지니고 있다. 생성문법에 비해 결합가 이론이 갖는 장점 중의 하나는 결합가 이론이 어휘를 문법모형의 기본 요소로 가정하는 데 있다. 즉 결합가 이론은 언어 행위의 실제 과정에 더욱 밀접하게 접근해 있기 때문에 우리는 이 이론을 외국어 교육에 직접 적용할 수 있다. 결합가 이론과 격 이론은 다 같이 서술어와 어휘부가 문법에서 중심적인 역할을 한다는 사실에서 출발하고 있다.

이 책의 대부분 언어 자료들은 한국어 ≪표준국어대사전≫과 중국어의 ≪중국어 형용사 용법사전≫에서 발췌하였다.

예문들은 이상의 두 사전에서 찾은 것으로써, 각 예문 뒤에 사전의 이름을 한국어 ≪표준국어대사전≫은 '표준'으로 중국어의 ≪중국어 형용사 용법사전≫은 '용법'으로 밝혀 두었다. 그리고 다른 저서에서 직접 인용한 예문도 마찬가지로 예문 뒤에 출처를 밝혔다. 출처를 밝히지 않은 것은 필자가 만든 예문이다.

2. 선행연구

프랑스의 언어학자 떼니에르는 결합가 이론의 창시자로 알려져 있다. 그는 1937년 일반 언어학을 강의하며 ≪구조 통사론 강의≫(1938)라는 강의 노트를 작성하였는데 이것이 후일 그의 사후 저서 ≪구조 통사론 원리≫(1959)의 모태가 되었다. 1954년 그가 세상을 떠난 후, 그의 부인과 제자들이 그를 추모하여 1959년 ≪구조 통사론 원리≫를 출간하였다. 이로써 결합가 이론이 공식적으로 발표되었다.

떼니에르는 문장에서 동사를 종속하는 구성성분을 그 기능에 따라 주연어(보족어)와 조연어(첨가어, 부사어)로 구분했다. 여기서 주연어란 사건 구성의 관점에서 그것의 핵으로서 동사가 열어둔 빈자리라 할 수 있는 반면, 조연어는 동사에 직접 종속되어 있지만 사건 구성적이지 않은 것이다. 이에 따라 떼니에르는 일정 수의 주연어를 지배하는 동사의 힘을 결합가라 했다.

떼니에르(1959)에서는 목적어와 부사 규정어[1] 사이의 통사적 차이를 두는 전통 문장성분론을 따랐다. 그리하여 그는 요구되는 부사 규정어(필수적 결합가)를 보족어로 간주하지 않았다. 그리고 주어는 다른 목적어와 비교되는 특수 지위를 상실하고 동사의 한 보족어로서의 위상 밖에 얻지 못한다고 했다. 그러나 이것은 아주 중요하고도 새로운 관찰방법의 출현으로 볼 수 있다. 하지만 떼니에르의 결합가 개념이 독일로 수용되면서 결합가 이론은 문장모형의 형성과 본동사를 문장의 구심점으로 보는 Glinz의 가정과 맥을 같이하며 발전해 갔다.

2.1 한국에서의 결합가 이론 연구와 형용사의 연구

2.1.1 한국에서의 결합가 이론 연구현황

결합가에 대한 연구는 제일 처음 동사로부터 시작되었다. 하지만 연구가 심화되면서 결합가 이론은 서술어인 형용사에 적용시켜지기도 하였다. 결합가 이론을 동사, 형용사에 적용하여 연구하기 전에 먼저 확인해야 할 몇 가지 문제가 있는데 그것은 바로 결합가의 성질 즉 층위문제, 그리고 보족어와 첨가어의 변별 문제이다. 한국의 결합가 이론은 주로 외국에서 많이 따왔는데 아래 그 관점들에 대해 정리해 보겠다.

2.1.1.1. 결합가의 성질
한국에서는 결합가의 성질에 대하여 두 가지 측면에서 고찰하였는데 하

---

[1] 떼니에르가 말하는 부사 규정어는 '그는 책을 책상 위에 놓는다'에서의 '위에'를 말한다.

나는 Helbig가 주장하는 통사적 결합가이고 다른 하나는 Welke와 Bondzio가 주장하는 논리·의미적[2] 결합가이다. 이점출·이성수(2006:27)에서는 Weklke가 Chomsky를 통해 주로 생성 의미적 구상의 입장에 서게 된 반면(심층구조와 표층구조 개념의 재해석을 통해), Helbig는 예를 들면 Chomsky로부터 전수한 선택제약을 통사적인 선택제약으로 평가함으로써 Chomsky의 통사 본유적 해석의 구상을 이어간다고 하였다. 이와 같이 한국에서는 결합가를 두 가지 상이한 측면에서 고찰하였다.

  통사적 측면에서 살펴보면 결합가는 실제 문장을 형성할 때 문법적으로 반드시 요구하는 보족어의 수를 말한다. 이때 보족어의 수는 결합가가 몇 가인지를 말하는 것이고 구체적으로 통사적 결합가가 어떤지를 논의할 때에는 보족어의 형태 즉 격 형태까지 말하게 된다. 김정남(2005:144)에서는 결합가를 소략하게 자릿수로만 언급하는 것은 실제로 그 결합가가 가진 서술어가 어떤 문장의 형식을 만드는지에 대한 정보를 주지 못한다고 하였다. 그러므로 서술어의 통사적 결합가란 서술어가 문장을 이룰 때 문법적으로 요구하는 보족어가 몇 개인지를 말해 주고 동시에 그 보족어가 어떤 격 형태의 것인지를 말해 주는 것이라고 하였다.

  논리·의미적 측면에서 살펴보면 결합가는 그 서술어가 의미하는 내용에 따라 논리적으로 필요로 하는 보족어가 올 수 있는 빈자리의 수를 말한다. 예를 들어 한국어 동사 '도와주다'는 도와주는 사람, 즉 행위의 '주체'와 도움을 받는 사람, 즉 행위의 수혜자 '대상'을 논리·의미적으로 필요로 한

---

2 외국의 학자들은 '논리·의미적 결합가'라는 용어를 많이 사용하는데 중국에서는 '통사·의미적 결합가'라는 용어를 더 많이 사용한다. 이 책에서는 개념상 헷갈림을 해소하기 위해 아래부터는 중국에서 사용하는 '통사·의미적 결합가'라는 용어를 사용할 것이다.

다. 그리고 한 어휘가 논리·의미적 결합가에서는 비슷하게 나타나지만 통사적 결합가에서는 일치하지 않는 경우도 있다. 예를 들면 '질문하다'와 같은 동사는 한국어에서나 중국어에서나 논리·의미적으로 질문을 하는 상대방을 나타내는 명사구를 보족어로 요구한다는 점에서 논리·의미적 결합가 특성은 공유하고 있으나 통사적으로는 이 명사구가 나타나지 않아도 비문이 되지는 않는다. 즉 논리·의미적으로는 일치하나 통사적으로는 이질적인 지배현상을 보인다.

이와 같이 한국에서는 결합가의 성질 혹은 층위문제에 대하여 두 가지 관점을 갖고 있는데 통사적 측면의 결합가라고 주장하는 사람이 대부분이다.

2.1.1.2. 보족어와 첨가어의 변별 문제

한국에서는 결합가 수량 확정 문제보다는 보족어와 첨가어의 관계에 대한 연구가 가장 많이 논의되었다. 즉 무엇이 보족어이고, 첨가어인지에 대한 직관으로부터 한편으로 필수적 보족어와 자유 첨가어, 다른 한편으로 필수적 보족어와 수의적 보족어의 변별이 중요한 문제로 논의되고 있다. 이 문제에 대한 판단은 많은 의견들이 있는데 한국에서 보족어와 첨가어에 대하여 비교적 상세하게 설명한 사람은 이점출이다.

이점출·이성수(2006)에서는 Helbig에서 출발하여 결합가 이론에 사용되는 변별에 대해 상술하였는데 우선 보족어와 첨가어의 변별을 위하여 삭제실험을 제기하였다. 문장이 문법적으로 정문이라는 조건 하에 삭제될 수 없는 동사 보충어[3]는 동사에 의해 요구되는 보족어일 것이며 반면

---

3   이점출·이성수(2006)에서는 보족어와 첨가어의 통합 개념으로서 보족어란 용어의 사용이 오해를 부를 수 있기에, 보족어와 첨가어의 상위개념으로 '동사 보충어'라는 용어를 설정

삭제될 수 있는 동사 보충어는 자유 첨가어일 것이다. 하지만 필수적으로 보이는 보충어의 삭제 가능성에서 빚어진 어려움들로 인해 Helbig는 그의 첫 논문에서 필수적 보충어[4]와 수의적 보충어의 변별을 제안하였는데 그 기준이 삭제 가능성이다. 삭제 가능성을 기준으로 어휘화된 생략의 조건 아래 삭제될 수 없는 보충어는 계속 필수적 보충어이고, 대조와 양태화의 조건 아래 삭제될 수 있는 보충어는 상대적인 보충어라고 하였다. 그리고 수의적 보충어의 경우에는 문맥적 생략에 기초한 수의적 보충어와 협의의 수의적 보충어[5]의 구분을 추가 도입했다. 이외에 이점출(2002)에서는 보족어와 첨가어의 변별을 위한 기준을 아래와 같이 정리하였다. 즉 아래에서 확립된 관계들의 하나 혹은 여러 개의 관계들을 통해 보족어와 첨가어를 변별하는 기준을 재규명하였다.

(1) 필수성/의무성 (NOT)
(2) 논항성/한정성/논리적 결합가 (ARG)
(3) 형태적 특성/통사적 결합가/격지배 (FOSP)
(4) 내용적 특성/의미적 결합가/선택적 결합가 (INSP)
(5) 하위부류 특성/하위 범주화/특수성 (SUBKLASS)[6]

하였다. 여기서 보충어와 보족어 두 개념을 혼동해서는 안 된다.
4 이점출·이성수(2006)에서는 '의무적 결합가'라는 용어를 사용하였는데 이것은 필수적 보족어와 같은 뜻이기에 이 책에서는 통일적으로 '필수적 보족어'라는 용어를 사용할 것이다.
5 협의의 수의적 보족어란 문맥의 도움 없이 그리고 상대적인 의무적 보족어에 필요로 되는 어휘화된 생략, 양태화 그리고 대조의 조건이 없이도 삭제될 수 있는 보족어를 말한다.
6 이 책에서 사용된 주요 약어는 다음과 같다. NOT=Notwendigkeit(필수성), ARG= Argumenthaftigkeit(논항성), FOSP=Formale Spezifizität(형태적 특수성), INSP=Inhaltliche Spezifizität(내용적 특수성), SUBKLASS=Subklassenspezifik(하위부류 특수성).

Jacobs(1994:14)에서는 위의 개념에 대해 아래와 같이 정의하고 있다.

필수성 NOT: 모든 S와 S의 모든 구성성분 X와 Y에서, X가 S안에서 Y의 어휘적인 충전을 토대로 Y의 동일한 해석에서 비문법적이 되지 않고서는 삭제될 수 없는 경우에 NOT(X, Y)이라고 정의했다.

논항성 ARG: 모든 S와 S의 모든 구성성분 X와 Y에서, X가 S안에서 논항으로서 Y에서 출발하는 하나의 서술문 안에 통합되어 있는 경우에 ARG(X, Y)이라고 정의했다.

형태적 특수성 FOSP: 모든 S와 S의 모든 구성성분 X와 Y에서, X의 형태자질 M이 적어도 하나는 존재하여 형태자질 M을 갖는 한 표현이 S안에 있는 Y의 동반어로서 기능할 수 있는 것이 Y의 특수한 속성인 경우 FOSP (X, Y)이라고 정의했다.

내용적 특수성 INSP: 모든 S와 S의 모든 구성성분 X와 Y에서, X의 내용자질 M이 적어도 하나는 존재하여 내용자질 M을 갖는 한 표현이 S안에 있는 Y의 동반어로서 기능할 수 있는 것이 Y의 특수한 속성인 경우 INSP(X, Y)이라고 정의했다.

하위부류 특수성 SUBKLASS: 모든 S와 S의 모든 구성성분 X와 Y에서, 부류 X가 S안에 있는 부류 Y의 모든 임의의 요소들에서 전부 다 옳지 Korrekt는 않으며, 그리고 변칙적인 S에서 부정적인 화자 판단이 순수한 불일치 Inkongruenz에 바탕을 두지 않는 경우에 SUBKLASS(X, Y)이라고 했다.

이와 같이 외국의 학자들은 위의 개념들을 이렇게 정의하고 있으며 이점출(2002)에서는 실험을 통해 살펴본 결과 보족어는 하위부류 특징적이며 한정되는 동사 보충어이고 첨가어는 하위부류 특징적이지 아니하며 한정하는 동사 보충어라는 것을 발견했다.[7]

2.1.1.3. 한국에서 결합가 이론의 연구 범위

한국에서 결합가 이론을 제일 처음 인용한 학자는 김일웅이지만 결합가 연구에서 가장 큰 성과를 거둔 학자는 이점출이다. 이점출(1995)에서는 처음으로 체계적으로 결합가 학자가 연구 중에 사용하는 술어와 그들의 기초사상을 소개하였다. 그중에서도 중점적으로 떼니에르, Brinkmann, Erben, Grebe, Engelen, Griesbach, Helbig, Bondzio와 Welke를 소개하였다. 그리고 이점출, 이성수가 2006년에 출판한 저서는 결합가 이론을 소개하는 개론서로서 외국 학자들이 사용하는 용어와 결합가 이론에 대한 주요사상을 소개하였다. 뿐만 아니라 이 책에서는 결합가의 층위로부터 결합가 자릿수의 확정 및 결합가 모형 등에 대해 체계적으로 소개하였다. 한국에서 비록 많은 외국 학자들의 기본사상이 소개되었지만 그 후의 연구들을 살펴보면 거의 Helbig, Bondzio와 Welke의 기본사상을 수용하였다. Helbig의 결합가 개념은 구조주의 문법의 영향 아래 순수 통사적(반의미적)인 반면, Bondzio와 Welke의 결합가 개념은 애초부터 의미적이었다.

한국에서도 결합가 이론에 대하여 활발히 연구하였는데 이룩한 많은 성과들 중에서 일부는 한국어 서술어의 결합가를 해석하고, 일부는 논항구조 이론과 결합하여 필수적 보족어의 의미역을 연구하기도 하였다.

한국어 결합가 이론에 대한 연구현황을 대체로 아래 6가지로 나눌 수 있다.

(1) 결합가 이론 체계에 대한 연구: 이점출≪결합가 이론의 연구 동향≫

---

7   이상의 보족어와 첨가어의 변별기준 내용은 이점출(2002), 보충어와 첨가어, ≪독어문학≫, 82페이지를 참조하였다.

(1995), 우형식, 정유진≪격과 결합가 그리고 전산언어학≫(1998), 이점출≪결합가 사상의 역사≫(2003), 이점출≪결합가와 사전정보≫(2004), 김기영≪퍼스의 관계논리와 결합가≫(2006), 이점출, 이성수≪결합가 이론과 격 이론 개론≫(2006)등이 있다.

(2) 한국어의 서술어에 대한 결합가 연구: 김일웅≪풀이말의 결합가와 격≫(1984), 원진숙≪서술어의 결합가를 중심으로 한 한국어 문형 분류≫(1993), 최웅환≪국어의 결합가 기술≫(1996), 조경순≪국어 세 자리 서술어의 의미구조 고찰≫(2003), 이점출≪목적격 서술어와 결합가≫(2006), 남승호≪한국어 술어의 사건 구조와 논항구조≫(2008) 등이 있다.

(3) 한국어의 동사를 중심으로 한 결합가 연구: 이점출≪기능동사구의 통사적 결합가≫(1991), 우형식≪동사의 결합가 기술에 대한 방법론적 접근≫(1994), 김현정≪학습자 사전용 문형 설정에 대한 연구: 동사의 결합가 구조를 중심으로≫(1996), 이점출≪이중언어 동사 결합가 사전에 관한 연구≫(1999), 강민정≪한국에서 의존문법의 Daf수업 적용가능성: 동사의 결합가 중심으로≫(1999), 정승화≪동사 결합가가 문 구조에 끼치는 영향에 대한 고찰≫(2001), 김경옥≪텍스트 종류, '일기예보'에 결부된 동사 결합가≫(2006), 민경숙≪동사 결합가에 대한 연구≫(2007)등이 있다.

(4) 한국어의 형용사를 중심으로 한 결합가 연구: 유현경 ≪한국어 형용사의 연구≫(1998), 김정남≪한국어 형용사의 연구≫(2005), 전지은, 최재성 ≪한국어 형용사 분류와 격틀집합≫(2010), 김건희 ≪한국어 형용사의 논항 구조 연구≫(2011)등이 있다.

(5) 보충어와 첨가어의 구별문제: 강병창≪결합가와 정보구조≫(2003), 이점출≪보충어와 첨가어≫(2002)등이 있다.

(6) 결합가 이론을 중심으로 한 대조연구: 유나영≪독일어 명사화 구조의

번역연구: 독-한 결합가 비교를 중심으로≫(2001), 지광신≪독일어와 한국어 동사의 화용론적 결합가의 비교연구≫(2001), 김이천≪독한 착용동사 결합가 대조연구≫(2006), 김경옥≪한국어-독일어-영어 음식물 섭취 및 음식제공 동사류의 결합가 대조연구≫(2007)등이 있다.

위의 연구성과를 정리하여 보면 아래와 같다.

(1) 우선 결합가 연구에서 결합가의 '가'란 무엇이며, '가'를 어떻게 확정하고 '필수적 성분'과 '수의적 성분'을 어떻게 구분할 것인가에 대한 토론이 진행되었다.
(2) 한국에서는 결합가 이론을 논항구조 이론과 결합시켰으며 많은 논문에서는 외국학자가 결합가 이론에 대한 견해를 소개하고 있다. 예를 들어 이점출(1995)에서는 중점적으로 외국학자 떼니에르, Helbig와 Welke 등 많은 학자들의 기본사상을 소개하였다.
(3) 세부적인 연구에 진입하기 시작했다. 유현경(1998)과 김정남(2005)에서는 형용사의 결합가에 대해 통사적인 측면에서 논의하기 시작하였다. 그리고 김건희(2011)에서는 형용사의 논항 구조에 대해 연구하였다. 원직숙(1993)에서는 결합가 이론을 이용하여 한국어 문형 분류에 대한 연구를 하였는데, 글에서 한국어의 문형은 문장에 나타나는 서술어의 의미특징과 결합가에 의해 결정되어야 한다고 제기하였다. 김경옥(2006)에서는 텍스트에서 '일기예보'에 결부된 동사의 결합가를 연구하였는데 이것은 결합가 이론에 대한 새로운 시도라고 할 수 있다.
(4) 한국에서는 한국어와 기타 언어의 대조논문이 비교적 많았다. 중국에서는 결합가 이론을 기초로 한 대조논문이 상대적으로 많지 않았지만 한

국에서는 한국어와 영어, 독일어 혹은 러시아어와의 대조연구를 찾아볼 수 있었다.

2.1.2 한국에서의 형용사 연구

한국어의 형용사에 대한 논의는 크게 네 갈래로 나눌 수 있다.[8]

2.1.2.1. 품사론에 대한 연구

우선 초기의 연구는 품사론의 일환으로 형용사에 대해 논의하였다. 그중 주시경(1910), 박승빈(1935), 최현배(1937)의 연구가 대표적으로 주목된다. 주시경(1910)에서는 형용사를 '엇'이라 하여 9품사의 하나에 넣었는데 이것은 오늘날 학교문법의 9품사에서 '조사'를 제외한 8품사와 같은 것에다가 '끗'이라 하여 어미류들을 별도의 품사로 정하여 포함시켰다. 박승빈(1935)에서는 한국어의 단어를 기능에 따라 크게 다섯 부류로 나누어 놓고 형용사는 용언의 하나에 넣고 있는데 용언 항목에 형용사, 동사 외에 존재사와 지정사를 넣었다. 최현배(1937)에서는 존재사는 형용사에 넣는 입장을 취하고 지정사만을 '잡음씨'라 하여 따로 두었다. 그리고 형용사의 형태론적 특성에 대해서는 동사와 대조하는 관점에서 설명하였는데 어간의 불규칙 활용의 예를 제시하고 형용사에 결합하는 어미들의 특성을 기술하였으며 형용사의 시제에 대해서도 상세하게 분류하여 제시하였다.

---

8 한국어 형용사의 선행연구에 대한 정리는 김정남(2005), ≪국어 형용사의 연구≫, 역락출판사, 15~22페이지를 참조하였다.

2.1.2.2 통사론적 연구

다음 형용사에 대하여 통사론적으로 접근하기 시작했는데 이것은 60년대 후반부터 활발히 진행되었다. 60년대 후반에 변형생성 문법적인 방법론과 격문법이 한국으로 소개되면서 형용사의 이중주어구문에 대한 관심이 높아졌다. 그리고 심리형용사에 대한 연구는 이중주어구문의 유형을 만드는 부류의 하나로서 주목을 받아왔다. 그중 남기심(1968), 이상억(1970), 임홍빈(1972, 1974)의 연구가 대표적으로 주목된다. 남기심(1968)은 형용사를 서술어인 문장들의 기본 구조를 밝힌 작업으로서 형용사의 기본 문형을 'NA'유형과 'N_1N_2A'유형 두 가지로 설정하고 후자에 대해서는 다시 'N_1'과 'N_2'의 관계와 다른 문장으로의 변형 가능성에 따라 몇 가지 부류로 나누었다. 이상억(1970)에서는 한국어의 여러 가지 문형들을 검토하는 과정에서 형용사나 '이다'가 서술어로 쓰인 이중주어구문의 각 예들을 들고 각각의 예문들에 대하여 환원시킬 수 있는 다른 기본 문형을 제시하고 통격현상을 도입하여 설명하는 방법을 취하였다. 임홍빈(1972, 1974)에서는 한국어의 기본적인 문장 구조는 '주어-술어'가 아니라 '주제-평언'이라고 하고 이른바 이중주어구문의 첫 번째 명사구로 나타나는 'NP-은/는'이나 'NP-이/가'에 대하여 '주제'라고 규정함으로써 형용사가 서술어로 된 문장 중에 많은 수의 이중주어 현상을 해소시키고 본질적인 주격중출문만을 남겨 두는 방법을 취하였다. 이외에 이정민(1976)과 김홍수(1989), 김세중(1989, 1994)은 심리형용사나 심리동사에 초점을 맞추어 구문 구조의 통사적인 측면과 의미·화용적인 측면을 설명하였다. 그리고 김영희(1980)에서는 형용사를 상태동사라 하였고 그 하위 부류로 주관동사와 객관동사, 중성동사를 들었다. 한편 이때 조선에서는 형용사에 대하여 주로 품사론적인 관점에서 연구가 진행되었다.

2.1.2.3. 형용사에 대한 전반적 연구

그다음은 형용사의 전반적인 내용을 살핀 본격적인 연구인데 이에 관한 전반적인 기술은 상대적으로 적었다. 단지 한국에서 발표한 박사 논문 세 편과 해외에서 발표한 한 편뿐이다. 그것은 정인수(1994)와 유현경(1997) 그리고 김정남(2005)와 남지순(2007)뿐이다. 정인수(1994)는 형용사의 어휘·의미적 특성에만 초점을 맞춰 논의하였고 유현경(1997)은 형용사의 문형을 분류적 관점에서 기술하였다. 남지순(2007) 역시 형용사 구문의 분류에 관한 것이며 김정남(2005)은 형용사의 형태적, 의미·화용적 그리고 통사적 특징에 초점을 맞춰 논의하였다. 특히 상기할 만한 것은 김정남(2005)에서는 통사·의미적으로 필요로 하는 보족어들을 요구하고 그것을 갖추었을 때 완결된 하나의 문장을 구성한다는 의존 문법적인 관점을 바탕으로 논의하였다.

끝으로 한·중 형용사에 관한 대조연구는 그리 활발하게 진행되지 못했다. 그간의 연구 성과라면 한·중 어휘에 대한 전체적인 비교 단계에서 약간 언급된 것과 한·중 한자어 대조, 그리고 한·중 형용사 중첩 현상 등 개별 현상에 대한 대조연구 등만이 있을 뿐 형용사를 독립적인 품사로 간주하여 연구한 성과는 왕단(2004), 왕단(2005), 왕단(2007) 등이다. 왕단(2005)에서는 한·중 형용사의 형태, 통사적 특성을 중심으로 두 언어 형용사의 공통성과 차별성을 찾아내려고 노력했다. 왕단(2007)에서는 중국어권 학습자를 위한 한국어 형용사 교육에 적극적으로 활용할 수 있는 명시적인 형용사 어휘 정보를 기술하고 이를 기초로 하여 한국어 형용사 교육의 방안을 모색하려고 노력했다.

이상의 것을 정리하여 보면 한국에서 형용사에 대한 연구는 품사정의로부터 통사적 접근 및 전반적인 내용을 살피는 데까지 많이 연구되어 왔지만 결합가 이론을 이용한 형용사 연구는 단 한, 두 편의 저서밖에 없었다.

2.2 중국에서의 결합가 이론 및 형용사 연구

2.2.1 중국에서의 결합가 이론 연구

중국에서 제일 처음으로 결합가 이론을 사용한 사람은 朱德熙이다. 朱德熙(1978)에서는 처음으로 결합가 이론으로 '的'자 구조의 중의성 문제를 논의하였다. 하지만 결합가의 관점은 40년대에 이미 중국에 있었다고 한다. 1946년 呂叔湘은 '系'라는 단어를 사용하였는데 이것은 결합가 이론의 '价'와 비슷한 의미를 갖고 있다. 하지만 呂叔湘의 이런 관점과 사상은 계속 발전되지 않았기에 70년대 이후에 논의된 결합가 이론은 모두 외국에서 가져온 것이다. 중국에서도 결합가 이론에 대하여 활발한 연구를 진행하였는데 중국에서는 동사의 결합가, 형용사의 결합가 뿐만 아니라 명사의 결합가에 대해서도 논의하였다. 한국에서는 결합가의 성질 즉 층위문제, 그리고 보족어와 첨가어의 변별 문제를 중심으로 논의하였지만 중국에서는 결합가 이론을 연구할 때 항상 결합가의 성질과 결합가의 수량 확정에 대해 논쟁을 벌였다.

2.2.1.1 결합가의 성질

중국에서 결합가 성질에 대해서는 세 가지 의견이 있다.[9]

첫째: 대부분의 학자들이 인정하고 있는데 그것은 통사적 측면의 결합가이다. 이 관점을 주장하는 학자는 袁毓林과 沈阳이다. 袁毓林(1993)에 의하면 결합가에서의 '가'는 서술어가 문법요소의 명사성분과 통합하는 능력이라고 하였다. 때문에 '가'는 통사적 측면에서의 결합가라고 주장하였다. 하지만 '가'가 일정한 의미적 기초를 갖고 있다는 것도 인정해야 한다고 하였다. 沈阳(1994)에서는 서술어는 문장에서 일정한 명사성분과 통합한다고 하였다. 때문에 서술어의 기본 문형은 서술어와 그 서술어의 지배를 받는 명사성분으로 이루어졌다고 하였다. 여기서 기본문형을 SP로 표시하고 SP에 나타나는 NP를 그 서술어의 '가'라고 하였다.

둘째: 소수의 학자들이 인정하고 있는데 그것은 의미적 측면의 결합가이다. 이 관점을 주장하는 학자는 廖秋忠과 范晓이다. 廖秋忠(1984)에서는 지배성분은 의미 혹은 인지적인 개념이라고 하였다. 지배성분의 생략은 의미 측면에서의 생략을 말하는 것이지 통사 측면의 생략을 말하는 것이 아니라고 하였다. 여기에서의 생략은 두 가지 현상을 포함하는데 그중 하나는 문맥적 생략이다. 문맥적 생략을 통해 생략된 부분은 찾아낼 수 있기에 이것은 문장에 다시 끼워 넣어도 문장이 자연스럽다. 다른 하나는 의미적 생략인데 의미적 생략을 통해 생략된 부분은 언어적 환경에 의해 생략된 것이기에 이것을 문장에 다시 끼워 넣으면 문장 전체가 비문인 것처럼 보인다. 范晓(1991)에도 동사의 결합가는 의미적 측면의 결합가라고 주장하였다.

---

9 결합가 성질에 대한 의견은 吳为章(1996), ≪중국어 동사 결합가 연구의 총평≫, 삼명대학학보, 제2기를 참조하였다.

하지만 여기서 말한 의미적 측면은 范晓(2005)에서 제기한 '三维语法'의 의미적 측면을 가리킨다.

셋째: 일부 학자들이 인정하고 있는데 그것은 통사·의미적 측면의 결합가이다. 이 관점을 주장하는 학자는 周国光과 张国宪, 그리고 陈平이다. 周国光(1993)에서는 서술어의 결합가는 의미 측면의 결합가와 통사 측면의 결합가로 구분된다고 하였다. 통사 측면에서 표현되는 결합가의 의미 측면은 우성(优性)결합가이고 표현되지 않는 결합가의 의미 측면은 열성(劣性)결합가라고 하였다. 여기서 말하는 우성결합가는 의미적 결합가가 통사 구조에서 통사 측면의 결합가로 표현되는 것인데 이 결합가는 통사·의미적 결합가인 것이다. 陈平(1987)에서는 서술어와 명사성분 사이에는 의미와 통사 측면의 관계를 갖고 있다고 하였다. 결합가 이론에서 의미상 관계가 밀접하고 삭제 불가능한 명사성분을 동사의 보족어라고 하고 의미상 밀접성이 떨어지거나 삭제 가능한 명사성분을 동사의 첨가어라고 하였다. 그리고 통사적인 측면에서 살펴보면 동사가 직접 지배하는 몇 개의 명사성분이 있는데 이것을 보족어라고 하였다. 여기에서 바라본 결합가는 의미와 통사 측면을 동시에 고려하고 있으며 그 외에 화용적 측면까지 고려하려고 노력했다.

위를 통해 알 수 있듯이 결합가의 성질에 대하여 학자마다 자기의 의견을 갖고 있는데 오늘날까지 이것이 통일되지 않았다는 것은 결합가 이론의 연구가 아직 부족하다는 것을 설명해준다.

2.2.1.2 결합가 수량의 확정 문제

결합가의 수량을 확정하는 문제에서 가장 중심적인 논쟁이 되는 것은 첫째: 어떤 문법구조 아래에서 결합가의 수량을 확정해야 하는가? 둘째:

개사에 의해 문장에 나타나는 명사성분을 결합가에 포함시켜야 하는가? 셋째: 어떤 방법으로 결합가의 성분을 확인해야 하는가? 등 세 가지 문제이다.

결합가의 문법적 구조에 대하여 袁毓林(1987)에서는 동사가 나타나는 모든 문법적 구조 중에서 명사와 제일 많이 같이 나타나는 구조를 선택하여 이 구조 안에서 결합가의 수량을 결정한다고 하였다. 吳为章(1993)에서는 서술어의 결합가를 확정하는 문법적 구조는 복문이 아닌 단문이라고 하였다. 그리고 단문의 특징에 대해 설명하였는데 우선 하나의 단문은 사건을 서술하는 자와 사건에 참가하는 자로 기본적인 진술을 할 수 있어야 한다고 하였다. 다음 하나의 단문은 제일 작은 주술관계의 문장이어야 하고 끝으로 하나의 단문은 의미와 구조 면에서 모두 적절한 문장 즉 정문이어야 한다고 하였다.

개사에 의해 문장에 나타나는 명사성분을 결합가에 포함시키는가에 대한 문제에서 朱景松(1992)은 동사의 결합가는 형식상 이 동사와 직접 결합할 수 있는 명사성분만을 고려하면 된다고 하였다. 즉 개사에 의해 문장에 나타나는 명사성분도 결합가로 포함시키겠다는 주장이었다. 袁毓林(1987)은 역시 개사에 의해 문장에 나타나는 명사성분이 문법적 구조와 의미상에서 삭제 불가능하다면 동사의 결합가로 보아야 한다고 주장하였다. 하지만 吳为章(1993)에서는 이에 반대하여 나섰는데 그 이유는 개사에 의해 문장에 나타나는 명사성분은 동사의 직접적인 지배를 받는 것이 아니라 개사의 직접적인 지배를 받기에 동사의 결합가로 인정할 수 없다고 하였다.

끝으로 결합가 성분의 확인방법에 대한 문제에서 文炼、袁杰(1990)에서는 Helbig의 삭제 실험에 의해 중국어 동사의 필수적 보족어를 확정해야 한다고 하였다. 范晓(1991)에서는 형식 면에서 서술어의 결합가를 확인하였는데 4가지 표준을 제기하였다. 첫째: 서술어가 주술관계의 문장에서 필수적으로 요구하는 문장성분의 수량에 따라 결정해야 한다. 둘째: 서술어가 의미가 적절한 최소의 주술관계 문장에서 동사와 연관되는 명사성분의 수량에 따라 결정해야 한다. 셋째: 개사의 표시에 의해 동사의 결합가를 결정해야 한다. 넷째: 질문하는 형식으로 문장에서 '누구, 무엇'의 물음에 해당하는 답이 동사의 결합가라고 하였다. 위의 4가지 표준을 살펴보면 두 번째 표준은 완전히 첫 번째 표준에 포함되어 있고 세 번째 표준에서는 서술어의 결합가를 확인할 수 있는 유표성을 찾으려고 노력하는데 중국어의 동사구조가 모두 개사를 갖고 있는 것은 아니기 때문에 이것을 실행하기에는 어려운 점이 있다고 생각된다. 네 번째 표준에서는 동사의 결합가는 '누구, 무엇'의 물음에 해당하는 답이라고 하였는데 어떤 경우에는 동사 뒤에 '무엇'이라는 물음을 넣어도 이에 해당하는 명사성분으로 교체할 수 없는 경우가 있다. 예를 들어 '这孩子老哭, 哭什么呀？'할 때 이 문장에서는 동사 뒤에 있는 '무엇'에 해당하는 명사성분을 넣을 수 없게 된다. 이로부터 알 수 있듯이 질문의 형식으로 결합가를 확정하는 방법도 일정한 제한성이 있다.

이상으로 결합가 수량의 확정에 대한 문제에 대하여 정리하였는데 비록 학자마다 자기의 의견을 갖고 있기는 하지만 이것은 위의 결합가 성질에 대한 주장처럼 다양한 주장은 갖고 있지 않았다. 단지 개사의 판정문제에서 의견 차이를 보이는데 이 부분은 이 책을 쓸 때 특히 조심해야 할 것이다.

2.2.1.3 중국에서 결합가 이론의 연구 범위

중국에서 결합가 이론에 대한 연구성과는 한국보다 많았다. 중국에서 결합가 이론을 제일 처음 수용한 분은 朱德熙인데 그의 논문 ≪'的'字结构和

判断句≫(1978)에서는 처음으로 결합가 이론을 이용하여 '的'字结构의 중의적 현상에 대해 논의하였다. 중국에서는 결합가의 '자릿수'를 중심으로 한 논문이 있는가 하면 다른 문제를 결합가 이론으로 연구한 논문도 있다. 이 논문 중에는 중국어의 복잡한 문법구조를 해석하는 논문이 있는가 하면 또 단어, 구, 절, 문장 심지어 일부 특수한 문장구조를 결합가 이론으로 연구하였다. 어떤 논문은 직접 논항구조 이론을 이용하여 담화분석과 기계번역에서 나타나는 문제점을 해결하기도 했다. 이와 같이 많은 연구들을 정리하여 보면 중국어 결합가 이론에 대한 연구는 대체로 아래의 5가지로 나눌 수 있다.

(1) 결합가 이론 체계에 대한 연구: 吴为章≪"X得"及其句型(兼谈动词的"向")≫(1987)、≪动词的"向"札记≫(1993), 杨宁≪配价概念和汉语句型描写≫(1987), 文炼、袁杰≪谈谈动词的"向"≫(1990), 范晓≪动词的"价"分类≫(1191), 张国宪≪有关汉语配价的几个理论问题≫(1994), 周国光≪配价语法略论≫(1994), 沈阳≪动词的句位和句位变体结构中得空语类≫(1994) 등이 있다.

(2) 중국어 동사의 결합가에 대한 연구: 吴为章≪单向动词及其句型≫(1982)、≪双向动词及其分类≫(1983)、≪"成为"类复合动词探讨≫(1985), 杨宁≪三价动词及其句型≫(1986), 袁毓林≪准双向动词研究≫(1993)、≪汉语动词的配价研究≫(2000), 周国光≪动词"给"的配价功能及其相关句式发展情况的考察≫(1993) 등이 있다.

(3) 중국어 형용사의 결합가에 대한 연구: 刘丹青≪形名同现及形容词的向≫(1987), 张国宪≪论单价形容词≫(1995)、≪论双价形容词≫(1995)、≪三价形容词的配价分析与方法思考≫(2002), 刘顺≪双价形容词及相关问题≫

(1999) 등이 있다.
(4) 중국어 명사의 결합가에 대한 연구: 袁毓林≪现代汉语名词的配价研究≫(1992)、≪一价名词的认知研究≫(1994), 陈平≪汉语双项名词句与话题-陈述结构≫(2004)등이 있다.
(5) 결합가 연구현황에 대한 논평: 张晓山≪汉语动词的"价"之研究述评≫(1988), 葡璜≪动词"向"研究述评≫(1992), 周国光、张国宪≪汉语的配价理论研究≫(1994), 周国光≪现代汉语形容词配价研究述评≫(1995), 高明阳≪现代汉语配价语法研究概观≫(2008), 刘晶晶≪汉语配价语法理论研究综述≫(2009) 등이 있다.

위의 연구성과를 정리하여 보면 아래와 같다.

(1) 우선 몇 개 중요한 이론 문제 즉 결합가의 '가'란 무엇인가, '가'를 어떻게 확정할 것인가, '필수적 보족어'와 '수의적 보족어'를 어떻게 분류할 것인가에 대해 논의하였다.
(2) 결합가 이론으로 중국어의 동사, 형용사, 명사에 대해 재분류 하였다. 즉 朱德熙(1987), 吴为章(1982), 杨宁(1986)에서는 결합가 이론으로 중국어 동사를 1가 동사, 2가 동사, 3가 동사로 나누었으며, 张国宪(1995a), (1995b), (2002)에서는 중국어 형용사를 1가 형용사, 2가 형용사, 3가 형용사로 구분하고 이에 대해 논의하였다. 袁毓林(1992)에서는 중국어의 명사를 0가 명사, 1가 명사, 2가 명사로 구분하였다.
(3) 세부적인 연구도 시작되었다. 吴为章(1982)에서는 '成为'류 복합동사에 대해 논의하였는데 여기에서 动补结构와 动结式의 확정에서 결합가 이론을 어떻게 응용할 것인가에 대해 논의하였다. 그리고 袁毓林(1993)에

서 제기한 '准双向'동사는 吴为章(1982)에서 논의한 '看齐'류, '相识'류 동사에 대한 새로운 해석이라고 할 수 있다. 吴为章(1987)에서는 'X得'를 고찰하면서 결합가의 이동문제를 제기하였는데 부분적인 이동은 통사구조를 더욱 복잡하게 하는 기능이 있다고 하였다. 그리고 중국어의 실제정황과 결부하여 결합가의 성분은 명사성분이 아닌 기타 비명사성분도 될 수 있다고 주장하였으며 비명사성분의 확정표준에 대해 논의하였다. 이것은 외국의 결합가 이론에 대한 수정이라고 볼 수 있다.[10]

张国宪(2006)에서는 형용사의 결합가에 대해 전면적으로 논의하였다.

(4) 결합가 이론을 이용한 중한 대조연구가 시작되었다. 高翔(2022)에서는 한중 감정 형용사의 개념과 특징을 상세히 분석하였고, 결합가 이론을 통해 한중 감정 형용사의 의미적 특징과 구문 기능을 비교하여 한중 감정 형용사의 유사점을 찾아내었다. 姜华(2018)에서는 결합가 이론에서 시작하여, 중한 "세탁" 유사 동사에 대해 비교 분석하였다. 李春艳(2012)에서는 결합가 이론을 바탕으로 중한 태도류 형용사를 의미적 측면, 통사적 측면, 화용적 측면에서 대조연구 하였다. 许红月(2013)에서는 결합가 이론을 이용하여 현대 중국어와 현대 한국어의 전신 동작 유사 동사를 고찰하였고, 3개의 평면 이론을 이용하여 분석하였다. 이 외에도 李燕(2009)는 방치류 동사, 朴花艳(2009)는 요구류 동사, 金文植(2007)에서는 정서류 형용사를 결합가 이론의 측면에서 대조연구 하였다.

---

10 오위장(1996), 한국어 동사 결합가 연구 논평, ≪삼명대학학보≫, 제2기에 실린 내용을 참조하였다.

2.2.2 중국에서의 형용사 연구

중국에서의 형용사 연구도 크게 네 갈래로 나눌 수 있다.

우선 형용사에 대하여 중국학자들이 관심을 갖고 연구한 것은 형용사와 동사의 변별 문제이다. 중국어의 형용사와 동사는 형태적, 통사적 측면에서 유사한 점을 많이 갖고 있기에 구분하기 어렵다. 이에 대해 朱德熙(1982)에서는 '很'의 수식을 받고 뒤에 목적어(宾语)를 가질 수 있으면 형용사라고 판단하였다. 그리고 또 형용사의 중첩현상에 대해서도 논의하였다. 俞敏(1956)에서는 형용사를 구분할 수 있는 두 가지 문법적 구조를 귀납하였는데 그것은 '比+명사+____'와 '多么+____+어기조사'라고 하였는데 이 두 가지 문법구조의 빈자리에 들어갈 수 있는 단어는 형용사라고 하였다. 이렇게 동사와 형용사를 구분하려고 노력하는 사람이 있는가 하면 동사와 형용사는 차이점을 갖고 있는 동시에 너무나 많은 공통점을 갖고 있기에 분류하지 말자고 하는 학자도 있다. 그중 대표적인 학자는 赵元任(1979), 吕叔湘(1979), 李临定(1990)이 있다.

다음 중국어의 형용사에 대하여 중점적으로 연구한 것은 형용사의 중첩 문제이다. 형용사의 중첩에 대해서는 朱德熙(1956)에서 중첩의 세 가지 격식과 중첩의 범위를 귀납하였다. 赵元任(1979)에서는 형용사 중첩의 문법적 기능을 논의하였고 黎锦熙(1957)에서는 형용사 중첩의 의미적 기능을 논의하였다.

다음은 형용사가 통사적인 측면에서 동사와 같을 수 있는데 이때의 형용사는 동사로 바뀌었는지 아니면 계속 형용사로 봐야 하는 문제에 대해 논의한 논문도 많다. 丁声树(1961)에서는 형용사가 '了、起来、下去' 등 동태조사(动态组词)와 결합할 경우 동사와 매우 유사하여 분간하기 어렵기 때문에 이때의 형용사를 동사로 볼 수 있다고 하였다. 李临定(1990)에서도 이 관점에 동의하고 있다. 黎锦熙(1957)에서는 일반 2음절 형용사가 ABAB형식으로 중첩될 경우 동사로 바뀌었다고 주장하였으며 吕叔湘(1966)에서는 형용사가 목적어를 가질 경우 동사로 볼 수 있다고 하였다. 이와 같이 형용사가 일정한 경우에 동사로 바뀌었다고 주장하는 학자가 있는가 하면 위의 주장에 대해 반대하는 학자도 있다. 대표적 인물은 유지위(陆志伟)(1951)와 범효(范晓)(1983)이다.

끝으로는 형용사의 하위분류에 대한 문제인데 수많은 학자들이 의미적 측면, 형식적 측면, 결합가 측면을 통해 형용사에 대해 분류하고 있다.

이상의 것을 정리하여 보면 중국에서 형용사에 대한 연구는 동사와 형용사의 변별로부터 형용사의 하위분류를 살피는 데까지 많이 연구되어왔다. 그리고 특기할 점이라면 한국에서와 달리 중국에서는 결합가 이론을 바탕으로 한 형용사 연구가 비교적 깊다. 특히 张国宪(2006)은 결합가 이론을 바탕으로 한 형용사 연구의 집대성이라고 할 수 있다.

2.3 한중 결합가 이론의 대조연구

대조연구의 각도에서 결합가 이론을 이용한 한국어와 중국어의 형용사는 주로 감정류 형용사, 태도류 형용사, 정서류 형용사에 대한 연구이다. 예를 들면 高翔(2022), 李春艳(2012), 金文植(2007)가 있다. 이외 한국에서 발표한 독한 대조논문은 한중 2가 형용사의 대조연구에 방법론을 제시해주었다. 예를 들면 유나영(2001), 김이천(2006), 김경옥(2007)은 한국어와 독일어의 동사 결합가 대조연구에서 다양한 방법을 사용하였는데 그 방법들을 이 책에 응용시킬 수 있다. 그리고 김기석(2001), 최봉춘(2005)에서 한국어와 중국어의 명사, 동사, 형용사에 대해 대조분석을 하였는데 이것도 중요한 참고가치가 있다. 그리고 한중 양국의 형용사에 대한 활발한 본체연구는 대조연구를 위해 튼튼한 기반을 닦아주었다.

2.4 연구요약

위의 2.1~2.3을 통해 알 수 있듯이 한중 양국에서는 결합가 이론 그리고 형용사에 대하여 활발한 연구를 진행하였지만 아직도 부족한 점이 존재하고 있다.

(1) 결합가 성질에 대한 불확실: 위에서도 설명했듯이 결합가의 성질에 대하여 한국과 중국에서는 학자마다 자기의 의견을 갖고 있다. 결합가가 통사적 측면인지 의미적 측면인지 아니면 통사·의미적 측면인지에 대한 결론은 없다. 학자마다 자기의 주장에 따라 연구를 진행하였기에 결합가를 처음으로 접하고 공부하는 초보자에게는 많이 혼돈되고 장악하기 어려운 부분으로 남겨져 있다. 때문에 통사적 결합가, 의미적 결합가, 통사·의미적 결합가에 대해서 정확하게 구분하지 않으면 서술어의 결합가를 정확하게 연구할 수 없다.

(2) 결합가 수량 확정 및 보족어와 첨가어의 변별적 문제에 대하여 모든 학자는 결합가 확정에서 보족어와 첨가어를 구분하는 것은 동의하지만 보족어를 필수적 보족어와 수의적 보족어로 구분한 다음 수의적 보족어를 서술어의 결합가로 인정해야 하는지 인정하지 말아야 하는지의

문제에 대해 서로 다른 의견을 갖고 있다. 결국 초래하게 되는 문제는 하나의 서술어가 연구하는 학자에 따라 서로 다른 결합가 수량을 가지게 된다는 것이다.

(3) 끝으로는 대조연구가 너무 적다는 것이다. 사물의 특징은 대조를 통해 나타날 수 있다고 하였는데 결합가 연구의 본체연구는 비교적 잘 되어 있지만 이에 대한 대조연구는 소수의 석사 논문에 국한되어 있다는 점에 아쉬움이 있다.

(4) 형용사에 대한 연구에서도 한중 양국의 본체연구는 활발히 진행되었지만 한중 형용사에 대한 대조연구, 특히 결합가 이론을 바탕으로 한 대조연구는 그리 활발하게 진행되지 못했다. 한중 어휘에 대한 전체적인 비교와 한중 한자어 대조, 한중 형용사 중첩 현상 등 개별 현상, 그리고 일부 형용사 부류에 대한 대조연구가 조금 있었고 형용사 교육방안의 모색에 대한 연구도 좀 있었다.

위의 정리된 연구성과에 기초하여 부족한 점을 극복하고 한중 2가 형용사의 결합가에 대하여 전면적으로 깊이 있게 살펴볼 것이다.

제1장

결합가의 확정표준 및 의미역 설정문제

선행연구를 통해 알 수 있듯이 한국과 중국에서는 결합가에 대한 문제에 대하여 많은 의견적 차이를 갖고 있다. 따라서 한국어와 중국어의 2가 형용사에 대한 대조연구를 진행하려면 우선 결합가의 확정표준과 범위 및 성질을 확정해야 한다.

1.1 결합가의 성질

앞서 결합가의 수량을 확정하는 표준을 제기하기 전에 결합가의 성질에 대해 명확한 설명이 있어야 한다. 앞에서도 말했듯이 결합가의 성질을 어떻게 규정하는가에 따라 연구의 전체적 흐름이 다르게 된다. 결합가의 성질에 대한 의견을 총집합하면은 모두 세 가지 견해가 있는데 이 책에서 그 중 통사·의미적 측면인 결합가의 성질을 인정할 것이다. 왜냐하면 단지 통사적인 성질을 인정한다면 의미적으로 비문법적인 문장이 될 수 있는 가능성을 초래하게 될 것이다. 그리고 단지 의미적인 성질을 고려하게 되면 말하는 언어적 환경 즉 화용론적 측면까지 고려해야 하기 때문에 연구의 범위가 무제한 넓어지게 되는 문제점을 초래하게 된다. 한 문장이 비문법적인지 아닌지는 언어적 환경이 포함되지 않은 전제 하에서 사건을 진술할 수 있어야 한다고 생각된다. 때문에 이 책에서는 결합가의 성질을 통사적으로도 정문이고 의미적으로도 완전할 수 있도록 결합가의 성질을 통사·의미적인 것으로 인정할 것이다.

1.2 필수적 보족어와 수의적 보족어 및 첨가어의 변별기준

앞선 연구요약에 따라 우리는 한국어와 중국어의 필수적 보족어와 수의적 보족어 및 첨가어의 변별기준을 아래와 같이 정할 것이다.

1.2.1 한국어 필수적 보족어와 수의적 보족어 및 첨가어의 변별기준

1.2.1.1 필수적 보족어와 수의적 보족어의 변별기준

한국에서 제기한 필수적 보족어와 수의적 보족어의 변별 기준에 대한 모든 방법은 자기의 우수성이 있는가 하면 그 자체에 있는 문제점을 갖고 있기도 한다. 이 책에서는 결합가 문제에서 반드시 확인하고 가야 할 필수적 보족어와 수의적 보족어의 변별기준을 아래와 같이 할 것이다.

형용사의 필수적 보족어는 형용사의 결합가에 따라 반드시 요구되는 보족어를 말하며 수의적 보족어는 형용사의 의미 특성에 따라 통사·의미적으로는 요구되지만 그 출현이 문법적으로 필수적이지 않는 보족어이다. 다시 말하여 수의적 보족어는 문장에서 생략하여도 그 문장이 문법적으로 부적격해지지 않는 것이고 필수적 보족어는 그 생략이 문장을 비문법적인 것으로 만드는 것이다. 이때 수의적 보족어의 탈락 또는 생략에는 '문맥에 관계 없이'라는 단서가 붙는다. 문맥을 고려하면 필수적 보족어도 얼마든지 생략될 수 있기 때문이다. 유현경(1997)의 예문에서는 괄호 안에 넣은 성분들을 수의적 논항으로 보고 있는데 이에 대해 이 책에서는 다른 의견을 갖고 있다.

(1) 가. (바닥에) 물이 흥건하다. (유현경 41ㄱ)
    나. 바닥이 물로 흥건하다. (유현경 41ㄴ)
(2) 가. (방안에) 담배 연기가 뽀얗다. (유현경 42ㄱ)
    나. 방안이 (담배 연기로) 뽀얗다. (유현경 42ㄴ)
    다. 창문이 뽀얗다.
    라. 영희는 얼굴이 뽀얗다.

유현경(1997)에서는 (1)의 경우 (가)에서의 '바닥에'는 수의적 논항이고 (나)에서의 '물로'는 필수적 논항인 반면 (2)의 (가)와 (나)에서 '방안에'와 '담배 연기'가 각각 수의적 논항으로 나타나 있다고 설명하면서 그런 이유로 '흥건하다'는 장소교차 형용사이고 '뽀얗다'는 유사장소교차 형용사라고 하였다. 하지만 '흥건하다'는 통사·의미적으로 'NP-에'를 요구하는 서술어이다. '흥건하다'는 '있다'와 마찬가지로 의미론적으로 그 상태의 표현 대상이 필요하고 배경이나 장소도 필요한 형용사이며 실제 통사 구조면에서도 장소의 보족어가 실현되어야 완전한 문장이 된다. 그러므로 (1가)에서 '바닥에'는 수의적인 보족어가 아니라 필수적 보족어라고 해야 겠다. 그리고 (2가)에서 '방안에'는 보족어가 아닌 첨가어로 보인다. '뽀얗다'는 (2다), (2라)에서 보이듯이 장소 표현의 명사구를 요구하는 형용사가 아닌 것이다.

마찬가지 이유로 (2나)의 '담배 연기로'도 보족어가 아닌 첨가어라고 판단한다.

그러면 수의적 보족어로 설명되는 것은 어떤 예문들이 있는지 살펴보겠다. 김정남(2005)에서는 아래와 같은 것을 수의적 보족어로 간주하였다.

 (3) 가. 영희는 예쁘다. (김정남 8가)
   나. 영희는 (얼굴이) 예쁘다. (김정남 8나)
   다. 영희는 (순희보다) 예쁘다. (김정남 8다)

김정남(2005)에서는 (3)의 경우 '예쁘다'가 객관적 상태 진술의 형용사이고 판단자의 주관이 개입되어 있지 않은 표현이라 '판단 대상'을 나타내는 명사구 하나만을 보족어로 취하는 1가 형용사로 보았다. 그리고 (3나), (3다)에서 괄호 안에 넣은 성분들을 모두 수의적 보족어로 보았다. 왜냐하면 이 명사구들은 그 수에 있어서나 종류에 있어서나 '예쁘다'라는 형용사의 결합가에 따라 필수적으로 요구되는 성분이 아니기 때문이다. 그러나 이 명사구들은 부사로 대치할 수 없으며 단순한 수식 성분이 아니라 서술어의 의미를 좀 더 심화시켜 표현하기 때문에 첨가어로 보지 않고 수의적 보족어라는 명칭을 부여하였다. 하지만 김정남과 조금 다른 관점이라면 이 수의적 보족어들 즉 '얼굴이' 또는 '순희보다'가 비록 삭제되었지만 이 문장성분은 문장에 함축되어 '영희는 예쁘다'라는 문장을 이해할 때 반드시 되찾아야 하는 문장성분이다. 비록 이 성분이 '얼굴'이 아닌 다른 것이 될 수 있지만 이 문장성분은 서술어 '예쁘다'의 의미가 규정하고 있는 부분이다. 따라서 이 책에서는 수의적 보족어도 결합가의 수량으로 인정하여 '예쁘다'를 2가

형용사로 볼 것이다.[11]

1.2.1.2 수의적 보족어와 첨가어의 변별기준

우선 보족어는 서술어의 결합가에 따라 직접 지배를 받는 요소로서 그것이 통사적으로 요구되느냐 통사·의미적으로 요구되느냐에 따라 필수적 보족어와 수의적 보족어로 구분되며 첨가어는 서술어의 종류나 그에 따른 결합가와 관계없이 의미상의 제약만 없으면 문장에 수의적으로 출현할 수 있는 성분이다. 임국진(1992)에서는 첨가어[12]에 대하여 아래와 같이 정의하였다.

> (4) 첨가어란 서술어를 통해 진술되는 의미 내용과 관련된 시간이나 장소 등의 상황을 나타내기도 하고 양태, 물질의 양, 품질, 가격, 길이, 무게 등을 나타내기도 하는 성분으로서 대체로 부사나 부사어에 나타나 문장 전체나 서술어의 수식 기능을 한다.

첨가어가 (4)에서와 같은 여러 가지 의미로 사용된다는 것을 한국어에 적용하면 다음과 같은 문장들에서 밑줄 친 성분들을 첨가어로 규정할 수 있다.

---

11 이 부분의 내영은 김정남(2005), ≪한국어 형용사의 연구≫, 역락출판사, 153~158페이지를 참조하였다.

12 임국진(1992)에서는 '첨가어'라는 용어를 사용하지 않고 '부사어'라는 용어를 사용하였다. 하지만 이 책에서는 중국어의 통사적 구조를 연구할 때, 문장에서 '状语' 역할을 하고 있는 '介词短语'를 '부사어'로 번역하였기 때문에 혼동의 여부를 생각하여 '부사어'를 '첨가어'라는 용어로 사용하겠다.

(5) 가. 영희는 얼굴이 <u>아주/정말</u> 예쁘다. (김정남 16가)
　　나. 그 별에는 장미가 <u>세 송이가</u> 있다. (김정남 16나)
　　다. 사과가 값이 <u>백 원이</u> 내렸다. (김정남 16다)
　　라. 철수는 <u>십 리를</u> 걸었다. (김정남 16라)
　　라'. 철수는 <u>사흘을</u> 울었다. (김정남 16라')

(5가)에서 '아주'나 '정말'은 '예쁘다'라는 형용사의 결합가에 의하여 요구되는 성분이 아니라 형용사를 수식하는 성분이므로 전형적인 첨가어라 할 수 있다. (5나), (5다)의 경우 밑줄 친 명사구 '세 송이가'나 '백 원이'는 물질의 양이나 가격을 나타내는 첨가어로 사용되어 있다. (5라)와 (5라')에서도 밑줄 친 첨가어 '십 리를'은 거리를, '사흘을'은 양을 나타내는 첨가어이다.

1.2.2 중국어 필수적 보족어와 수의적 보족어 및 첨가어의 변별기준

1.2.2.1 필수적 보족어와 수의적 보족어의 변별기준

중국에서도 필수적 보족어와 수의적 보족어의 변별기준에 대하여 제기하기는 하였지만 한국만큼 활발하지는 않았다. 이와 반대로 중국에서는 결합가 수량의 확정에 대하여 많은 의견을 제기하였다. 그럼 먼저 결합가 수량의 확정에 대하여 논의하기 전에 필수적 보족어와 수의적 보족어의 변별기준을 살펴보겠다.

우선 필수적 보족어의 확정에 대하여 일부 학자들은 언어적 감각을 통해 필수적 보족어를 구분하자는 주장을 하기도 한다. 하지만 언어적 감각을 통해 구분한다면 한국어를 학습하고 있는 외국인일 경우 언어적 감각이 발달하지 못하여 정확한 연구를 하기 어렵게 된다. 그리고 연구하는 학자들마다 가지고 있는 언어적 감각이 상이하여 연구결과가 모두 다르게 나올 것이다. 그리고 특정한 규정이 없는 전제 하에 누구의 판단이 틀렸다고 확정할 수 있는 기준이 없게 된다.

중국어의 경우 우리는 독일 언어학자들이 주장하는 삭제실험을 통해 형용사의 필수적 보족어를 확정할 수 있다. 삭제실험은 보충 필요성의 정도를 변별하는데 중요한 의미를 부여한다. 즉 삭제실험을 통해 문장의 일부 성분을 삭제하여 남은 부분이 문법적으로 정문이 된다면 삭제된 부분이 수의적 보족어 또는 첨가어이고 문법적으로 비문이 된다면 삭제된 부분은 필수적 보족어인 것이다.

(6) 这孩子小时候很调皮。(张国宪 2)
→ a. 这孩子很调皮。
→ b. *小时候很调皮。

삭제실험을 통해 알 수 있듯이 (6a)에서 '小时候'를 삭제하여도 역시 문법적으로는 정문이다. 이와 반면 (6b)에서는 '这孩子'를 삭제하였는데 그 결과 이 문장이 문법적으로 비문이 되었으므로 (6)의 문장에서 '这孩子'는 필수적 보족어인 것이다. 그리고 앞에서도 말했지만 삭제실험을 응용할 경우에는 화용적인 요소를 문장에 부여하지 말아야 한다. 왜냐하면 화용적인 요소를 문장에 부여할 경우 문장의 주어는 삭제될 가능성이 아주 높다. 두 가지 원인을 통해 설명할 수 있는데 첫째: 중국어에서 주어와 서술어의 관계는 목적어와 서술어의 관계보다 긴밀하지 않기 때문에 화용적 요소를 부여할 경우 삭제될 가능성이 높다. 둘째: 문장이 전하고자 하는 메시지와 관계되는데 주어는 문장에서 일반적으로 구정보를 전달하기 때문에 언어의 경제적 원칙에 따라 주어를 삭제할 수 있다. 이런 특징 때문에 삭제실험을 사용할 경우 화용적 요소를 개입시키지 말아야 한다.[13]

1.2.2.2 수의적 보족어와 첨가어의 변별기준

앞에서 말했듯이 필수적 보족어는 삭제실험을 통해 변별할 수 있지만 수의적 보족어와 첨가어는 문장에서 모두 삭제할 수 있기 때문에 삭제실험을 통해 변별할 수 없다. 하지만 수의적 보족어와 첨가어는 서로 다른 특징을 갖고 있는 문장성분이므로 반드시 구별해야 한다. 수의적 보족어는 첨가어에 비해 서술어와 더욱 밀접한 관계를 맺고 있으며 첨가어는 서술어를 수식하거나 문장의 화용적 요소와 밀접한 관계를 맺고 있다. 이 특징을 고려하면 수의적 보족어와 첨가어는 함축성 실험에 따라 변별할 수 있다. 인지문법의 각도에서 살펴보면 함축성이 있는 문장성분은 문장구조상 완전하지만 의미상 완전하지 못하다. 한 문장의 의미를 이해하려면 그 내용을 이해해야 할 뿐만 아니라 그 문장 속에 함축되어 있는 성분을 찾아내야 한다. '되찾기'원칙에 따라 함축성분은 확인될 수 있기에 수의적 보족어는 함축성분이 될 수 있지만 첨가어의 함축성은 언어적 환경을 통해 예측할 수 있기에 첨가어는 함축성분이 될 수 없다.

(7) 小孙最近对我很冷淡。 (张国宪 3)

→ a. *最近对我很冷淡。

---

13 이 부분의 내용은 张国宪(2006), ≪现代汉语形容词功能与认知研究≫, 商务印书馆, 172~173페이지를 참조하였다.

→ b. 小孙对我很冷淡。

→ c. 小孙很冷淡。

삭제실험을 통해 알 수 있듯이 '小孙'는 삭제될 수 없기에 필수적 보족어이며 '最近'과 '我'는 삭제실험을 통해 모두 삭제될 수 있기에 수의적 보족어거나 첨가어일 것이다. 하지만 (7b)와 (7c)를 통해 알 수 있듯이 '最近'과 '我'는 모두 표층구조에서 나타나지 않아도 되지만 둘이 갖고 있는 성질은 완전히 다르다. (7c)에서 '我'가 비록 삭제되었지만 이 문장성분이 문장에 함축되어 '小孙很冷淡'이라는 문장을 이해할 때 반드시 되찾아야 하는 문장성분이다. 비록 이 성분이 '나'가 될 수도 있고 '너'가 될 수도 있고 혹은 '이웃', '동료'가 될 수도 있지만 이 문장성분은 서술어 '冷淡'의 의미가 규정하고 있는 부분이다. 하지만 (7b)에서 삭제된 '最近'은 서술어에 의해 찾아올 수가 없다. 그러므로 이 (7)의 문장에서 '我'는 수의적 보족어이고 '最近'은 첨가어이다.

1.3 결합가의 수량 확정

앞에서도 이 책에서 결합가의 성질, 필수적 보족어와 수의적 보족어 및 첨가어의 변별기준을 확정하였다. 그럼 이러한 전제하에서 결합가의 수량을 어떻게 확정할 것인가에 대해 논의하겠다.

(1) 우선 결합가 확정의 문법적 구조는 복문이 아닌 의미와 구조면에서 모두 적절한 단문에서 확인할 것이다. 복문은 역시 여러 개의 단문으로

구성된 것이기 때문에 복문을 대상으로 한다고 하여도 역시 복문 속에 있는 단문들을 대상으로 하나하나 연구해야 하기 때문에 이 책에서는 결합가 확정의 문법적 구조를 복문이 아닌 단문으로 확정하겠다.

(2) 결합가 성분의 확인방법에서는 Helbig의 삭제실험에 의해 먼저 필수적 보족어를 찾아내고 함축성 실험을 통해 수의적 보족어와 첨가어를 구분할 것이다. 왜냐하면 삭제실험을 통해서는 필수적 보족어만 변별할 수 있고 수의적 보족어와 첨가어는 삭제실험을 통해 변별할 수 없는데 함축성 실험을 통해 함축성분으로 될 수 있는 것은 수의적 보족어이고 함축성분으로 될 수 없는 것은 첨가어로 간주할 것이다.

(3) 일부 학자들은 수의적 보족어를 결합가의 수량으로 확정하지 말자고 주장하는데 이 책에서는 문장이 통사·의미적으로 완전하기 위해서는 수의적 보족어도 결합가의 수량으로 보아야 된다고 생각한다.

(4) 중국어의 경우 일부 학자들은 개사에 의해 문장에 나타나는 문장성분을 서술어의 결합가로 인정하지 않는다. 하지만 이 책에서는 개사에 의해 문장에 나타나는 문장성분을 서술어의 결합가로 인정할 것이다. 많은 학자들은 이것이 서술어인 형용사에 의해 요구되는 것이 아니라 형용사가 요구하는 목적어를 수식한다고 하였다. 위에서 말한 의미 필수성에 의하여 개사에 의해 나타난 명사성분이 문법적 구조와 의미상 삭제 불가능하다면 서술어의 필수적 보족어로 인정받을 수 있다고 생각된다.

1.4 의미역 설정

이 책의 제3장에서는 2가 형용사 각 논항의 의미역 및 그 논항구조에 대해 살펴볼 것이다. 의미역이 문법 기술에 필수적이라고 가정하는 입장은 의미역 자체를 문법의 기초 개념으로 보고 의미역을 더 이상 분석하지 않은 것이다. 따라서 하나의 의미역은 특정한 개별 서술어의 의미 기술을 위해서가 아니라 그 언어의 전체 의미 이론의 필요에 의해 설정되어야 한다. Fillmore(1970, 1971, 1977)는 어휘 의미론에서 서술어의 의미를 구분하는 데에 논항의 의미역을 도입했다.[14]

    A. Fillmore(1971)의 의미역 목록: 행동주, 반행동주, 대상, 결과, 도구, 기점, 착점, 경험주

Fillmore의 뒤를 이어 여러 의미역의 유형론이 제안되었다. 그중 Redford(1988)과 Spencer(1991)의 것이 대표적인데 이는 Fillmore의 제안과 크게 다르지 않다.

    A. Redford(1988)의 의미역 목록: 대상 혹은 피동주, 행동주, 경험주, 수혜자, 도구, 처소, 착점, 기점
    B. Spencer(1991)의 의미역 목록: 피동주, 대상, 행동주, 경험주, 수혜자, 도구, 처소, 착점, 기점

의미역이 연구되면서 의미역 목록에 대해 많은 학자들이 서로 다른 의견을 갖고 있다. 일부 학자들은 의미역 목록의 무제한 확장을 반대하고 있다.

---

14 의미역에 대한 설정에서는 남승호(2007), ≪한국어 술어의 사건 구조와 논항 구조≫, 서울대학교출판사, 17~18페이지를 참조하였다.

따라서 이 책에서는 의미역 목록을 무제한으로 확장하지 않고 필요에 따라 아래와 같은 몇 가지를 설정할 것이다.

    A. 이 책에서 사용할 의미역: 행위자, 경험자, 해당자, 대상, 결과, 도구, 처소, 착점, 기점, 참조, 범위, 원인, 속성, 자격.

의미역의 설정을 살펴보면 위의 분들보다 '해당자, 참조, 범위, 원인, 속성, 동반자, 자격'의 의미역이 더 설정되었는데 이것은 논문 연구의 수요에 따라 설정한 것이다. 그리고 특히 설명할 것은 '해당자'의 의미역인데, 중국어의 경우에는 행위자의 의미역이 부여될 수 있지만 한국어의 경우에는 행위자의 의미역에 해당되지 않는 것이 많다. 하지만 이것을 피행위자나, 경험자의 의미역으로 지정하기에도 약간의 문제가 존재하기 때문에 이 책에서는 '해당자'라는 의미역을 추가하였다. 즉 해당자란 사건 발생에 해당하는 인물을 가리키는 것이다. 하지만 이 책에서는 인물뿐만 아니라 사물 등도 '경험자'로 판정하기 어려운 것은 '해당자'로 지정하였다. 그리고 이 책에서는 Redford(1988)과 Spencer(1991)에서 설정한 '수혜자'의 의미역을 설정하지 않았는데 그것은 '수혜자'의 의미역이 행위자가 어떤 행위를 하여 제3자가 혜택을 받았을 때 제3자에 해당하는 의미역인 것이다. 이것은 동사 구문에 나타나지 형용사 구문에는 나타나지 않기 때문에 이 책에서는 '수혜자'의 의미역을 설정하지 않았다. 그리고 '반행동주 또는 피동주'라는 의미역은 동사의 구문에 많이 나타나기에 이 책에서는 '피동주'라는 의미역을 설정하지 않고 '피동주'의 의미역에 해당하는 것을 '대상'의 의미역으로 귀결시켰다.

제2장

한중 2가 형용사의 통사적 구조

한국어와 중국어 2가 형용사의 기본구조를 살펴보면 크게 두 가지로 나누어 볼 수 있는데 하나는 이중주어문의 형식으로 되어 있는 기본구조, 즉 한 문장에 주어[1]가 두개 들어있는 경우를 말하며 다른 하나는 '주어+부사어+서술어'의 구조형식을 나타내고 있다. 그림 아래 하나하나씩 살펴보기로 한다.

2.1 한중 2가 형용사의 이중주어문

한국어와 중국어의 2가 형용사의 기본구조에 대하여 한중 두 사전을 통계하고 분석한 결과 한국어 이중주어문 16개와 중국어 56개를 찾아내었다.

---

1 이중주어문을 살펴보면 첫 번째 주어가 주어인 경우가 있는가 하면 주제어인 경우도 있다. 李讷、汤姆逊(1976)에 의하면 중국어는 주제어를 중시하는 언어이고 한국어는 주어와 주제어를 모두 중시하는 언어라고 하였다. 하지만 이화여자대학교의 박창원 교수님께서는 한국어가 화제부각형 언어라고 하였다. 그리고 이익섭(1997)에서는 한국어가 주어와 주제어가 분명히 구별되는 경우가 있는가 하면 겹치는 경우도 있다고 했다. 그리고 중국어도 자세히 관찰하여 보면 주어와 주제어가 겹치는 경우가 비교적 많다. 이러한 점을 고려하여 이 책에서는 연구의 편리를 위해 주어와 주제어를 구별하지 않고 모두 주어로 보기로 한다.

한국어의 경우에는 주어 자리에 명사가 왔지만 중국어의 경우에는 명사뿐만 아니라 술빈구조(述宾结构)의 명사구도 주어 자리에 왔다.

(1) 이 제품은 사용이 간편하다. / 이 제품의 사용이 간편하다. (표준)
(주어[대상]+주어[속성]+서술어)
N_1은 N_2이 A / N_2이 A한 N_1 사용이 간편한 제품

(2) 우리 가족은 결속력이 강하다. / 우리 가족의 결속력이 강하다. (표준)
(주어[해당자]+주어[속성]+서술어)
N_1은 N_2이 A / N_2이 A N_1 결속력이 강한 우리 가족

(3) 他学习挺安心 (주어[행위자]+주어[범위]+서술어) (용법)
N_1+N_2+A / N_2+A+的+N_1 学习安心的他

(4) 他处理同志关系很霸道 (주어[행위자]+주어[범위]+서술어) (용법)
N_1+N_2+A / N_2+A+的+N_1 处理同志关系很霸道的他

한국어 2가 형용사의 이중주어문을 살펴보면 N_1과 N_2는 속성의 관계를 나타내며 문장을 'N_1의 N_2가/이 A'로 바꿔 쓸 수 있다. 그리고 기본구조를 'N_2+A은/는+N1'로 변형시킬 수 있다. 즉 예문(1)은 사용이 간편한 제품, 예문(2)는 결속력이 강한 우리 가족으로 바꿔쓸 수 있다. 중국어 2가 형용사의 이중주어문을 살펴보면 문장은 'N_1+N_2+A' 즉 '주어+주어+서술어'의 구조로 되어 있는데 여기에서 N_1과 N_2는 속성의 관계를 나타내지 않는다. 하지만 한국어와 마찬가지로 'N_2+A+的+N_1'로 변형시킬 수 있다. 즉 예문(3)은 学习安心的他 예문(4)는 处理同志关系很霸道的他로 바꿔 쓸 수 있다. 하지만 위의 예문(1)과 예문(2)처럼 N_1과 N_2가 속성의 관계를 나타내는가 하면 아래의 예문(5)~(8)처럼 속성의 관계를 나타내지 못하는 경우도 있다.

(5) 어머니는 어려움을 이겨내는 아들이 대견하다. (표준)

(주어[경험자]+주어[대상]+서술어)

N_1은 N_2이 A / N_2이 A한 N_1 어려움을 이겨내는 아들이 대견한 어머니

(6) 선수들은 우승한 상대편이 부러웠다. (표준)

(주어[경험자]+주어[대상]+서술어)

N_1은 N_2가/이 A / N_2이 A운 N_1 우승한 상대편이 부러운 선수들

(7) 나는 그 여자가 두렵다. (주어[경험자]+주어[대상]+서술어) (표준)

N_1은 N_2가/이 A / N_2가/이 A운 N_1 그 여자가 두려운 나

(8) 나는 그의 눈초리가 미심쩍다. (주어[경험자]+주어[대상]+서술어) (표준)

N_1은 N_2가/이 A / N_2가/이 A은 N_1 그의 눈초리가 미심쩍은 나

예문(5)~(8)에 제시된 예문들에서 N_1과 N_2는 속성의 관계를 나타내지 않는다. 더 구체적으로 말하면 여기에서 N_1과 N_2는 속성의 관계를 나타낸다고 하기보다는 N_1이 전체 문장의 주제어 역할을 한다고 보는 것이 더 타당하다고 생각된다. 이것은 중국어의 이중주어문에서 N_1은 주제어의 역할을 하지만 한국어의 이중주어문에서 N_1은 주어와 주제어의 역할을 모두 하는 것과 관계된다고 생각된다.

(9) 이번 일은 내가 심했다. (주어[대상]+주어[경험자]+서술어) (표준)

N_1은 N_2가/이 A / N_2가/이 A한 N_1 *내가 심한 이번 일

(10) 눈이 셋인 사람은 없다. (주어[속성]+주어[해당자]+서술어) (표준)

N_1이 N_2은 A / N_2은 A는 N_1 *셋인 사람은 없는 눈

예문 (9)와 (10)을 살펴보면 똑 같은 이중주어문이지만 이 두 예문은 'N₂이 A한 N₁'로 변형시킬 수 없다. 이것을 'N₂이 A한 N₁'로 변형시킬 경우 모두 비문이 되고 만다. 하지만 중국어의 이중주어문을 살펴본 결과 중국어의 이중주어문에서는 'N₂+A+的+N₁'로 변형시킬 수 없는 경우를 찾아내지 못했다. 위의 예문(1)~(8)은 똑같은 구조를 갖고 있지만 예문(9)~(10)은 왜서 변형될 수 없는지에 대한 의문점은 계속 남겨져 있다.

2.2 한중 2가 형용사의 기타 문법 구조

2.2.1 '주어+부사어+서술어' 구조

한국어와 중국어의 기본구조 중에서 제일 많이 나타나는 기본구조가 '주어+부사어+서술어'구조이다.

(11) 우리 집은 학교에서 가깝다. (주어[기점]+부사어[착점]+서술어) (표준)
N₁은 N₂에서 A / N₂에서 A운 N₁ 학교에서 가까운 우리 집

(12) 기름은 물보다 가볍다. (주어[대상]+부사어[참조]+서술어) (표준)
N₁은 N₂보다 A / N₂보다 A운 N₁ 물보다 가벼운 기름

(13) 他对人很诚恳 (주어[행위자]+부사어[대상]+서술어) (용법)
N₁+对+N₂+A / 对+N₂+A+的+N₁ 对人很诚恳的他

(14) 他对工作很粗心 (주어[행위자]+부사어[대상]+서술어) (용법)
N₁+对+N₂+A / 比+N₂+A+N₁ 对工作很粗心的他

한중 2가 형용사 구문을 살펴보면 모두 '주어+부사어+서술어'의 구조를

갖고 있지만 중국어의 경우에는 기본구조가 균일하게 'N₁+对+N₂+A'로 되어 있지만 한국어는 부사격조사가 다양한 원인으로 인해 N₂ 뒤에 붙은 조사의 종류도 아주 다양하다. 하지만 공통한 특징이라면 뒤에 붙는 부사격조사가 아무리 다양하다 하더라고 기본구조를 모두 'N₂+A은/는+N₁'으로 변형시킬 수 있다. 중국어도 '对+N₂+A+的+N₁'로 변형시킬 수 있다.

2.2.2 '부사어+주어+서술어' 구조

한국어는 격조사가 발달하여 어순의 바꿈이 비교적 자유롭지만 중국어의 경우 어순을 통해 문장의 성분관계를 나타내므로 어순의 바꿈이 자유롭지 못하다. 한중 2가 형용사 구문에 대한 통계와 분석에서 부사어가 문장의 제일 앞에 나오는 경우를 찾아냈는데 한국어의 경우에는 비교적 많지만 중국어의 경우에는 비교적 적었다.

(15) 산에 수목이 무성하다. (부사어[처소]+주어[대상]+서술어) (표준)
 N₁에 N₂가/이 A / N₂이 A한 N₁ 수목이 무성한 산
(16) 바닥에 물이 흥건하다. (부사어[처소]+주어[대상]+서술어) (표준)
 N₁에 N₂이 A / N₂가/이 A한 N₁ 물이 흥건한 바닥
(17) 对于父亲的去世, 他非常悲伤 (부사어[대상]+주어[경험자]+서술어) (용법)
 对+N₁+N₂+A
(18) 面对巨大的损失, 他十分沉痛 (부사어[대상]+주어[경험자]+서술어) (용법)
 对+N₁+N₂+A

위의 예문에서는 부사어가 모두 문장의 제일 첫머리에 나타났지만 한국

어와 중국어는 변형과정에서 차이를 보이고 있다. 한국어의 경우에는 N_1과 N_2의 위치가 바뀌면 비문이라는 느낌이 들지만 중국어의 경우에는 N_1과 N_2의 위치를 바꾸어 'N_1+对+N_2+A'로 변형할 수 있다.

2.3 한중 2가 형용사의 구체적 문형

한국어와 중국어에서의 기본구조를 살펴보면 이중주어문과 기타 기본구조를 갖고 있는데 한국어는 격조사의 유형이 다양하므로 한국어 2가 형용사는 그 구체적인 문형이 다양하지만 중국어의 2가 형용사를 이루는 구체적인 문형은 상대적으로 단일하다. 아래 그 구체적 문형에 대해 살펴보겠다.

2.3.1 한국어 2가 형용사의 구체적 문형

2.3.1.1 [N_1-은/는 N_2-이/가 A]

이 문형에 쓰일 수 있는 서술어로는 '간편하다, 강하다, 거북하다, 걸다, 검다, 고지식하다, 곤란하다, 굽다, 궁금하다, 귀중하다, 기막히다, 기특하다, 낮다, 대견하다, 두렵다, 미심쩍다, 밉다, 반갑다, 부끄럽다, 성하다, 소중하다, 수월하다, 시끄럽다……' 등을 들 수 있다.

(19) 은사님은 성품이 고지식하다. (주어[해당자]+주어[속성]+서술어) (표준)
N_1은 N_2이 A / N_2이 A∟ N_1 성품이 고지식한 은사님
나는 그의 제안이 기막히다. (주어[경험자]+주어[대상]+서술어) (표준)
N_1은 N_2이 A / N_2이 A힌 N_1 그의 제안이 기막힌 나
(20) 이 구두는 굽이 낮다. (주어[해당자]+주어[속성]+서술어) (표준)

N₁은 N₂이 A / N₂이 A은 N₁ 굽이 낮은 구두

(21) 악대는 소리가 시끄럽다. (주어[해당자]+주어[속성]+서술어) (표준)

N₁은 N₂가/이 A / N₂가/이 A운 N₁ 소리가 몹시 시끄러운 악대

이 문형은 필수적 보족어로 'NP-은/는'과 'NP-이/가' 두 형태를 요구하고 있다. 제1명사구는 '경험자 또는 해당자'의 의미역을 가지고 제2명사구는 '속성 또는 대상'의 의미역을 가지면서 제2명사구의 출현이 필수적이라는 데에 이 문형의 특징이 있다. 그리고 예문 (19)~(21)에서 첫 번째 명사구 'NP-은/는'은 주격보족어, 두 번째 명사구 'NP-이/가'는 보격보족어가 된다. 이 문장들은 두 번째 보족어가 없으면 문법적으로는 틀리지 않지만 의미적으로 완전한 문장이 될 수 없다.

2.3.1.2 [N₁-은/는 N₂-에서 A]

이 문형에 쓰일 수 있는 서술어로는 '가깝다, 멀다, 뛰어나다' 등을 들 수 있다. 이 문형에서 필수적 보족어 'N₁-은/는'은 '기점 또는 해당자'의 의미역을 가지고 'N₂-에서'는 '착점 또는 대상'의 의미역을 갖는다. 예문은 (22)~(24)과 같다.

(22) 우리 집은 학교에서 가깝다. (주어[기점]+부사어[착점]+서술어) (표준)

N₁은 N₂에서 A / N₂에서 A운 N₁ 학교에서 가까운 우리 집

(23) 버스 정류장은 우리 집에서 멀다. (표준)

(주어[기점]+부사어[착점]+서술어)

N₁은 N₂에서 A / N₂에서 A운 N₁ 우리 집에서 먼 버스 정류장

(24) 철수는 계산 기능 면에서 뛰어나다. (표준)

(주어[해당자]+부사어[대상]+서술어)
N₁은 N₂에서 A / N₂에서 A난 N₁ 계산 기능 면에서 뛰어난 철수

예문(22)와 (23)에서는 어느 한 장소를 기점으로 하고 다른 장소를 착점을 할 때 둘 사이의 거리가 어떻다는 것을 나타내고 있으며 예문(24)에서는 누가 어느 면에서 어떠하다를 나타내고 있다. 이와 같이 이 문형에 쓰이는 단어들로는 거리의 멀고 가까움을 나타낸다든가 누가 어느 면에서 어떠하다를 나타내는 것을 요구한다.

2.3.1.2 [N₁-가/이 N₂-에 A]

이 문형에 쓰일 수 있는 서술어로는 '가득하다, 알맞다, 역력하다' 등을 들 수 있다. 이 문형에서 필수적 보족어 'N₁-가/이'는 '대상'의 의미역을 가지고 'N₂-에'는 '대상, 처소, 자격'의 의미역을 가지는 것으로 설명할 수 있다. 예문은 (25)~(27)과 같다.

(25) 술이 잔에 가득하다. (주어[대상]+부사어[처소]+서술어) (표준)
    N₁이 N₂에 A
(26) 옷차림이 학생 신분에 알맞다. (주어[대상]+부사어[자격]+서술어) (표준)
    N₁이 N₂에 A / N₂에 A는 N₁ 학생 신분에 알맞은 옷차림
(27) 흥분과 불안이 얼굴에 역력하다. (표준)
    (주어[대상]+부사어[대상]+서술어)
    N₁이 N₂에 A

예문(25)~(27)을 살펴보면 모두 '무엇이 무엇에 어떠하다'라는 것을 나타

내고 있다. 예문(25)에서는 잔에 술이 가득하다는 것을 나타내고 있고 예문(26)에서는 옷차림이 학생의 신분에 맞는다는 것을 나타내고 예문(27)에서는 흥분과 불안이 얼굴에 역력하다는 것을 나타내고 있다. 이와 같이 이 문형에 쓰이는 단어들은 모두 '무엇이 무엇에 어떠하다'라는 것을 나타내고 있다.

2.3.1.4 [N₁-은/는 N₂-보다 A]

이 문형에 쓰일 수 있는 서술어로는 '가볍다, 덜하다, 무겁다, 작다' 등을 들 수 있다.

> (28) 기름은 물보다 가볍다. (주어[대상]+부사어[참조]+서술어) (표준)
> N₁은 N₂보다 A / N₂보다 A운 N₁ 물보다 가벼운 기름
> (29) 더위가 작년보다 덜하다. (주어[대상]+부사어[참조]+서술어) (표준)
> N₁이 N₂보다 A / N₂보다 A한 N₁ 작년보다 덜한 더위
> (30) 그녀는 보기보다 무겁다. (주어[해당자]+부사어[참조]+서술어) (표준)
> N₁은 N₂보다 A / N₂보다 A운 N₁ 보기보다 무거운 그녀
> (31) 우리 집은 앞집보다 (면적이) 더 작다. (표준)
> (주어[처소]+부사어[참조]+서술어)
> N₁은 N₂보다 A / N₂보다 A은 N₁ 앞집보다 작은 우리 집

예문 (28)~(31)를 통해 알 수 있듯이 이 문형에서 'N₂-보다'는 비교의 기준을 나타내는 보족어로서 이것이 실현되지 않으면 문장이 적격성을 잃게 되므로 필수적 보족어로 처리해야 한다. 이러한 'N₂-보다'는 '작다', '덜하다'와 같은 형용사 자체에 의하여 요구되기도 하지만 '더'나 '덜' 같은 부사

에 의하여 요구되기도 하므로 (31)에서 보듯이 형용사에 'N₂-보다'를 요구하는 자질이 없더라도 부사 '더'나 '덜'과 공기하면 'N₂-보다'는 문장 표면에 필수적으로 나타난다.

2.3.1.5 [N₁-은/는 N₂-와/과 A]

이 문형에 쓰일 수 있는 서술어로는 '같다, 관계없다, 다르다, 다름없다, 동일하다, 무관하다, 비슷하다' 등을 들 수 있다. 예문은 (32)~(35)과 같다.

(32) 내 나이는 그의 나이와 같다. (주어[대상]+부사어[참조]+서술어) (표준)
N₁은 N₂와 A / N₂와 A은 N₁ 그의 나이와 같은 내 나이
(33) 이번 결혼 결정은 내 의사와 관계없다. (표준)
(주어[대상]+부사어[참조]+서술어)
N₁은 N₂와 A / N₂와 A는 N₁ 내 의사와 관계없는 이번 결혼 결정
(34) 나는 너와 다르다. (주어[경험자]+부사어[동반자]+서술어) (표준)
N₁은 N₂와 A / N₂와 Aㄴ N₁ 너와 다른 나
(35) 내 생각은 당신 생각과 동일하다. (표준)
(주어[대상]+부사어[참조]+서술어)
N₁은 N₂와 A / N₂와 Aㄴ N₁ 당신 생각과 동일한 내 생각

여기서 'N₂-와/과'는 'N₁-은/는'과 비교되는 상대항으로서 이것이 빠지면 문장이 성립되지 않으므로 필수적 보족어이다. 이 문형에서 제1명사구와 비교 또는 참조기준이 되는 제2명사구가 문장에 나타나야 문장이 적격성을 갖게 된다. 여기에서는 "무엇이 무엇과 어떠하다"라는 뜻을 나타내고 있다.

2.3.1.6 [N₁-은/는 N₂-에(게) A]

이 문형에 쓰일 수 있는 서술어로는 '관계있다, 관대하다, 미안하다, 불과하다, 유리하다, 유익하다, 유일하다, 잔인하다, 중요하다, 초연하다, 합당하다, 해롭다, 나쁘다' 등을 들 수 있다. 예문은 (36)~(39)와 같다.

(36) 비문은 불교에 관계있다. (주어[대상]+부사어[대상]+서술어) (표준)
  N₁은 N₂에 A / N₂에 A는 N₁ 비문에 관계있는 불교
(37) 아버지는 나에게 관대하다. (주어[경험자]+부사어[대상]+서술어) (표준)
  N₁은 N₂에게 A / N₂에게 A한 N₁ 나에게 관대한 아버지
(38) 나는 거짓말을 한 것이 아내에게 미안했다. (표준)
  (주어[경험자]+부사어[대상]+서술어)
  N₁은 N₂에게 A / N₂이 A한 N₁ 거짓말을 한 것이 아내에게 미안한 나
(39) 여름 계절풍은 벼농사에 유리하다. (표준)
  (주어[대상]+부사어[대상]+서술어)
  N₁은 N₂에 A / N₂에 A한 N₁ 벼농사에 유리한 여름 계절풍

이 문형을 이루는 형용사들은 1가 형용사 구문인 'NP-는 A'와 상당수가 교집합을 이룬다. 그러나 이 구문에 속하는 형용사인 '크다', '쓰다' 등이 'NP-는 A'의 구문을 이룰 때 즉 '철수는 크다', '소태는 쓰다' 등과 같은 경우에는 그 대상의 속성이나 상태를 비교적 일반적이고 객관적인 관점에서 진술하는 것이라면 2가 형용사의 이 구문에서 이룰 때에는 어떤 기준에 비추어 본 상태나 성질 판단의 의미를 가진다. 이 문형에서는 판단자가 문면에 나타나는 형태로는 실현되지 않아 화자와 판단자가 일치하는 문장으로 본다.

2.3.1.7 [N₁-에서 N₂-까지 A]

이 문형에 쓰일 수 있는 서술어로는 '가깝다, 멀다'를 들 수 있는데 여기에서 제1명사구는 '기점'의 의미역을 가지고 제2명사구는 '착점'의 의미역을 가지고 있다. 예문은 다음과 같다.

(40) 집에서 버스 정류장까지 멀다. (주어[기점]+부사어[착점]+서술어) (표준)
N₁에서N₂까지A / 버스 정류장까지 먼 집 / 집에서 먼 버스 정류장
(41) 학교에서 집까지 가깝다. (주어[기점]+부사어[착점]+서술어) (표준)
N₁에서N₂까지A / 집까지 가까운 학교 / 학교에서 가까운 집

이 기본문형에서 또 발견할 수 있는 한 가지는 바로 위에서는 문장을 관형격 격식으로 변형시키는데 큰 어려움이 없지만 예문(40)~(41)을 살펴본 결과 이런 기본문형은 NP₁이 수식을 받는 관형격 형식으로 변형시키거나 NP₂이 수식을 받는 관형격 형식으로 변형시켜도 모두 가능하다. 이것은 NP₁과 NP₂가 기점과 착점의 의미역을 나타내기에 어느 것을 기준점으로 보더라도 그 거리는 모두 같기에 관형격 형식으로의 변형이 가능한 것 같다.

2.3.1.8 [N₁-가/이 N₂-로/으로 A]

이 문형에 쓰일 수 있는 서술어로는 '빽빽하다, 유명하다' 등을 들 수 있다. 예문은 다음과 같다.

(42) 산이 나무로 빽빽하다. (주어[처소]+부사어[대상]+서술어) (표준)
N₁이N₂로 A / N₂로 A한 N₁ 나무로 빽빽한 산
(43) 온양이 온천으로 유명하다. (주어[처소]+부사어[대상]+서술어) (표준)

N₁이N₂로 A / N₂로 A한 N₁ 나무로 빽빽한 산

예문(42)~(43)을 살펴보면 이 문형에서는 '무엇이 무엇으로 어떠하다'라는 것을 나타내고 있다. 즉 예문(42)에서는 산이 나무로 빽빽하다는 것을 나타내고 예문(43)에서는 온양이 온천으로 유명하다는 것을 나타내고 있다. 이와 같이 이 문형에 쓰이는 단어들은 모두 '무엇이 무엇으로 어떠하다'라는 것을 나타내는 '어떠하다'의 위치에 들어갈 수 있어야 한다.

2.3.2 중국어 2가 형용사의 구체적 문형

2.3.2.1 N₁+N₂+A

이 문형에 속하는 서술어를 모두 통계한 결과 56개에 달하는데 여기에서 'N₁'은 화용론적 측면에서 살펴보면 일반적으로 주제어의 역할을 하며 'N₂'는 주어의 역할을 하고 있다. 이 문형에 쓰일 수 있는 형용사로는 '安心, 霸道, 草率, 粗心, 呆板, 高兴, 古板, 古怪, 果断, 害羞, 含糊, 积极' 등이 있다.

(44) 他处理事情太草率。 (주어[행위자]+주어[범위]+서술어) (용법)
　　　N₁+ N₂+A / N₂+A+的+N₁ 处理事情太草率的他
(45) 他演电影很呆板。(주어[행위자]+주어[범위]+서술어) (용법)
　　　N₁+ N₂+A / N₂+A+的+N₁ 演电影很呆板的他
(46) 小张办事太浮。(주어[행위자]+주어[범위]+서술어) (용법)
　　　N₁+ N₂+A / N₂+A+的+N₁ 办事太浮的小张
(47) 张局长办事古板。(주어[행위자]+주어[범위]+서술어) (용법)
　　　N₁+ N₂+A / N₂+A+的+N₁ 办事古板的张局长

앞에서도 말했지만 이 문형에 속하는 문장들은 구성이 '주어+주어+서술어'로 되어있는데 여기서의 '주어'는 문장에 필수적으로 필요함으로 필수적 보족어이다. 그리고 문장의 두 번째 '주어'를 살펴보면 모두 主谓结构 혹은 述宾结构를 취하고 있는데 전체 문장에서 '주어' 역할을 하고 있다. 그리고 예문을 통해 알 수 있듯이 이 문형의 문장들은 모두 관형격 격식으로 변형시킬 수 있다. 변형시킨 결과 서술어 뒤에는 꼭 관형격을 표시하는 '的'이 있어야 한다.

2.3.2.2 N_1+对+N_2+A

중국어의 경우 모든 형용사는 이 기본문형을 선택할 수 있다. 이것은 2가 형용사에서 제일 보편적인 문형이다. 여기에서 'N_1'은 일반적으로 주어의 역할을 하며 'N_2'는 부사어의 역할을 하고 있다.

(48) 他对谁都不错 / 对谁他都不错 / 对谁都不错的他 (용법)
　　 (주어[행위자]+부사어[대상]+서술어)
　　 N_1+对+N_2+A / 对+N_2+N_1+A / 对+N_2+A+的+N_1

(49) 他对人很诚恳 / 对人他很诚恳 / 对人很诚恳的他 (용법)
　　 (주어[행위자]+부사어[대상]+서술어)
　　 N_1+对+N_2+A / 对+N_2+N_1+A / 对+N_2+A+的+N_1

(50) 他对工作很粗心 / 对工作他很粗心 / 对工作很粗心的他 (용법)
　　 (주어[행위자]+부사어[대상]+서술어)
　　 N_1+对+N_2+A / 对+N_2+N_1+A / 对+N_2+A+的+N_1

(51) 他对象棋的兴趣逐渐淡薄了/ 对象棋的兴趣他逐渐淡薄了 /
　　 对象棋的兴趣逐渐淡薄的他 (주어[행위자]+부사어[대상]+서술어) (용법)

$N_1+对+N_2+A$ / $对+N_2+N_1+A$ / $对+N_2+A+的+N_1$

예문(48)~(51)을 통해 알 수 있듯이 '$N_1+对+N_2+A$'구조는 '$对+N_2+N_1+A$'와 '$对+N_2+A+的+N_1$'로 모두 변형시킬 수 있다. 우선 '$N_1+对+N_2+A$'와 '$对+N_2+N_1+A$' 사이에는 일정한 변환관계를 갖고 있는데 의미론적 측면에서 두 문장은 큰 차이가 없지만 화용론적 측면에서 살펴볼 때 두 문장은 동등한 가치를 갖고 있지 않다. '$对+N_2+N_1+A$'일 경우에는 대상성분이 문두에 있어 '주제어'의 성격을 띠고 있으며 '$N_1+对+N_2+A$'의 문형과 비교해 볼 때 대상성분을 강조하는 역할을 한다. 화용론적 측면에서 제약을 갖고 있는 외에 변환관계에서 또 다른 제약을 갖고 있다. 왜냐하면 중국어는 중간부분이 너무 많이 수식되는 구성을 허용하지 않기 때문에 대상성분이 복잡할 경우에는 '$N_1+对+N_2+A$' 문형보다는 '$对+N_2+N_1+A$' 문형을 더욱 선호한다.

2.3.2.3 N_1+A+N_2

일부 형용사는 '$N_1+对+N_2+A$'의 문형을 선택할 수 있을 뿐만 아니라 'N_1+A+N_2'의 문형도 선택할 수 있다. 이 문형에 쓰일 수 있는 형용사들은 '忠, 忠诚, 有利, 不利, 有益, 无益, 有害, 冷落, 清楚, 希望, 疏远, 讨厌, 适合, 可怜' 등이 있다.

(52) 他忠诚于教育事业 / 他对教育事业忠诚 (용법)

(주어[행위자]+서술어+목적어[대상])

N_1+A+N_2 / $N_1+对+N_2+A$

(53) 这种做法有利于改革 / 这种做法对改革有利 (용법)

(주어[대상]+서술어+목적어[대상])

N_1+A+N_2 / $N_1+对+N_2+A$

(54) 吸毒有害于身体 / 吸毒对身体有害 (주어[대상]+서술어+목적어[대상])

(용법)

N_1+A+N_2 / $N_1+对+N_2+A$

예문(52)~(54)에서처럼 대상성분이 형용사의 뒤에 나오는 문형은 고대 중국어에서 '于'字句라고 하였다. 그리고 한나라시기를 지나서 '$N_1+对+N_2+A$' 문형과 같이 대상성분이 형용사 앞에 나타나기 시작했다. 이러한 원인으로 인해 현대에 와서는 일부 형용사만 '$N_1+对+N_2+A$' 문형과 'N_1+A+N_2' 문형에 모두 쓰일 수 있다. 사용을 통해 살펴보면 '$N_1+对+N_2+A$' 문형은 구어체에 많이 사용되고 'N_1+A+N_2' 문형은 문어체에 많이 사용된다. 문장 구조를 살펴보면 앞의 것은 역행구조이고 뒤의 것은 순행구조에 속하며 표현 면에서 살펴보면 뒤의 문형이 대상성분을 문장의 제일 끝부분에 나타나게 하기 때문에 대상보족어를 강조하는 역할을 한다.

그리고 예문을 살펴보면 '$N_1+对+N_2+A$' 문형과 'N_1+A+N_2' 문형 사이에는 일정한 변환관계를 갖고 있다. 하지만 변환관계를 갖고 있다고 하여 모든 '$N_1+对+N_2+A$' 문형이 'N_1+A+N_2' 문형으로 변환될 수 있는 것은 아니다. 'N_1+A+N_2' 문형은 고대 중국어에서 사용하였던 문형이기에 현대 중국어의 형용사가 이 문형을 선택할 때에는 일정한 제약을 받는다. 일반적인 경우 'N_1+A+N_2' 문형을 선택하는 형용사는 '$N_1+对+N_2+A$' 문형도 선택할 수 있지만 '$N_1+对+N_2+A$' 문형을 선택하는 형용사는 'N_1+A+N_2' 문형을 선택할 수 없다. 예문을 통해 알 수 있다.

(55) 每天坚持化疗对抑制癌扩散很有效 → *每天坚持化疗有效于抑制癌扩散 (용법)

$N_1+对+N_2+A$ → *N_1+A+N_2

(56) 抽烟对健康有利 ← 抽烟有利于健康 (용법)

$N_1+对+N_2+A$ ← N_1+A+N_2

(57) 冬天少喝点酒对血液循环有利 ← 冬天少喝点酒有利于血液循环 (용법)

$N_1+对+N_2+A$ ← N_1+A+N_2

예문(55)~(57)을 통해 알 수 있듯이 'N_1+A+N_2' 문형에서 '$N_1+对+N_2+A$' 문형으로 변환할 경우에는 가능하지만 '$N_1+对+N_2+A$' 문형에서 'N_1+A+N_2' 문형으로 변환할 경우에는 비문으로 된다.

(58) 敌人把我老婆抢占去了，你还这样忠诚(于)敌人
(59) 我十分清楚你的底细 → 我对你的底细十分清楚

그리고 예문(58)을 통해 알 수 있듯이 이 예문에서는 '于'가 있어도 되고 없어도 된다. 이것은 일부 형용사는 '于'에 대한 강제성이 약하기 때문에 문장에서의 출현이 비교적 자유롭다. 또 예문(59)와 같이 어떤 형용사는 동사화 되어 'N_1+A+N_2' 문형에서 무표기 대상성분을 선택하게 된다. 이런 형용사의 대상성분은 모두 '对' 또는 '对于' 두 유표단어를 통해 형용사 앞에 배치될 수 있다.

제3장

한중 2가 형용사 필수논항의 의미역 및 논항 구조

한국어와 중국어의 2가 형용사에서 필수논항으로 되는 문장성분은 주어, 부사어가 있다. 이들은 2가 형용사의 문형에서 다양한 의미역을 나타낼 뿐만 아니라 또 서로 다른 논항 구조를 실현하고 있다. 아래 Fillmore의 의미역 이론에 근거하여 주어와 부사어의 의미역 및 그들이 실현하는 논항 구조를 살펴볼 것이다.

3.1 한중 2가 형용사 구문의 의미역

한국어와 중국어의 2가 형용사 구문을 살펴보면 제1명사구와 제2명사구에 나타나는 주어와 부사어는 각각 다양한 의미역을 실현하고 있다. 아래 주어와 부사어의 의미역에 대해 살펴볼 것이다.

3.1.1 한중 2가 형용사 구문에서 주어의 의미역

모든 문장에는 주어가 필요하다. 한국어와 중국어의 2가 형용사 구문에서 주어의 의미역을 확인한 결과 아래와 같은 것이 있다.

3.1.1.1 경험자

한국어의 경우 '주어' 역할을 하는 문장성분이 경험자의 의미역을 나타내는 경우가 많다. 하지만 여기에서 '주어' 역할을 하는 문장성분은 화용론적 측면에서 살펴볼 때 '주제어'와 비슷한 기능을 하는 것 같다. 이런 경우에 사용하게 되는 형용사는 '거북하다, 감감하다, 강하다, 거북하다, 거세다, 걸다, 검다, 고요하다, 고지식하다, 관대하다, 굽다……' 등이 있다.

  (1) 나는 속이 거북하다. (주어[경험자]+주어[속성]+서술어)(표준)
  (2) 아버지는 상을 받을 아들이 자랑스럽다. (표준)
    (주어[경험자]+주어[대상]+서술어)

중국어의 경우에도 '주어' 역할을 하는 문장성분이 경험자의 의미역을 나타내는 경우가 있다. 이때 '주어'는 화용론적 측면에서 살펴보면 역시 '주제어'의 기능과 비슷하다. 이런 경우에 사용하게 되는 형용사는 '愤慨, 肤浅, 高兴, 害羞, 困难, 麻烦, 满意, 勉强, 颓丧, 愉快……' 등이 있다.

  (3) 他见了生人就害羞。(주어[경험자]+부사어[범위]+서술어) (용법)
  (4) 小李对自己的前途很乐观。(주어[경험자]+부사어[대상]+서술어) (용법)
  (5) 他分到北京很高兴。(주어[경험자]+주어[대상]+서술어) (용법)

한국어와 중국어의 심리 형용사는 모두 경험자의 의미역을 나타낼 수 있다. 하지만 2가 형용사 구문의 제1명사구에 오는 '주어' 역할의 문장성분만 경험자의 의미역을 취할 수 있는 것이 아니라 제2명사구의 '주어' 위치에도 나타날 수 있다.

 (7) 영희의 행동에 아버지는 섭섭했다. (부사어[대상]+주어[경험자]+서술어) (표준)
 (8) 这样做, 大家都喜欢。(주어[범위]+주어[경험자]+서술어)(용법)
 (9) 看到这种局面我很寒心。(주어[범위]+주어[경험자]+서술어)(용법)

예문(7)~(9)를 통해 알 수 있듯이 한국어와 중국어에서 경험자의 의미역에 해당하는 것은 어떤 사건 또는 행동을 통해 경험자가 느끼는 것을 문장으로 표현하고 있다.

3.1.1.2 행위자

행위자의 의미역은 주어가 사건의 행동주를 가리키는 구문에 나타난다. 한국어의 경우에는 형용사가 요구하는 주어가 행위자로 나타날 수 없지만 중국어의 경우에는 형용사들이 동사의 기능을 나타내는 경우가 있기 때문에 주어가 행위자의 의미역을 나타낼 수 있다. 예문을 통해 알 수 있다.

 (10) 他演电影很呆板。(주어[행위자]+주어[범위]+서술어) (용법)
 (11) 他对名利很淡漠。(주어[행위자]+부사어[대상]+서술어) (용법)
 (12) 他们处理问题不对。(주어[행위자]+주어[범위]+서술어) (용법)

예문(10)~(12)를 살펴보면 '呆板, 淡漠, 不对' 등 형용사들이 요구하는 행위자는 어떤 사건을 처리하는데 이들이 나타내는 행동들을 형용사로 표현하고 있다. 때문에 비록 이 세 단어는 형용사이지만 행위자의 의미역을 요구할 수 있다.

3.1.1.3 해당자

해당자의 의미역은 무엇에 관계되는 것을 가리키는데 한국어와 중국어의 2가 형용사 구문의 의미역을 살펴보면 어떤 성분은 행위자나 경험자가 아닌 다른 무엇으로 판단해야 하는데 이것을 표현하기 위해 해당자라는 의미역을 추가하였다.

(13) 그 남자는 속이 검다. (주어[해당자]+주어[속성]+서술어) (표준)
(14) 아버지는 나에게 관대하다. (주어[해당자]+부사어[대상]+서술어) (표준)
(15) 衣料摸起来相当光滑。 (주어[해당자]+주어[범위]+서술어) (용법)

예문(13)~(15)를 통해 알 수 있듯이 문장의 제1명사구 자리에 있는 '주어' 역할의 문장성분은 행위자나 경험자의 의미역을 나타낸다고는 말할 수 없다. 하지만 이것은 모두 무엇에 관계를 갖고 있는 사람이나 사물이다. 따라서 이것을 해당자의 의미역이라고 칭하겠다. 중국어의 경우에는 제1명사구 자리에 오는 해당자의 의미역이 사람인 것이 아니라 사물이다.

'주어' 역할의 문장성분이 나타내는 해당자의 의미역은 제1명사구에만 나타나는 것이 아니라 제2명사구의 위치에도 나타날 수 있다. 이때 한국어의 경우에는 해당자의 의미역이 제2명사구의 위치에 나타나지 않는다. 예문을 통해 알 수 있다.

(16) 对这两工程, 老王很精心。 (부사어[대상]+주어[해당자]+서술어) (용법)

예문(16)을 통해 알 수 있듯이 제2명사구에 나타나는 '주어' 역할을 하는 문장성분의 해당자 의미역도 제1명사구에 나타나는 것과 마찬가지로 행위자나 경험자라는 의미역을 사용할 수 없다. 하지만 이것이 어떤 것과 관계된다는 것은 분명하다.

3.1.1.4 대상

대상의 의미역은 동사나 형용사의 핵심 의미가 논항의 존재나 부재에 관한 사건을 가리킬 때 이르는 말이다.

한국어의 경우에는 '주어' 역할을 하는 문장성분이 대상의 의미역을 나타내는 경우가 비교적 많다. 이러한 경우에 사용하게 되는 형용사로는 '가득하다, 가혹하다, 간편하다, 가늘다, 가볍다, 간단하다, 같다, 걸맞다, 단조롭다, 동일하다, 똑같다, 비슷하다, 중요하다, 합당하다……' 등이 있다.

(17) 술이 잔에 가득하다. (주어[대상]+부사어[처소]+서술어) (표준)
(18) 규서는 아까보다 가혹하다. (주어[대상]+부사어[참조]+서술어) (표준)
(19) 이 제품은 위생적이며 사용이 간편하다. (표준)
　　 (주어[대상]+주어[속성]+서술어)

예문(17)~(19)를 통해 알 수 있듯이 2가 형용사의 구문에서 대상의 의미역에 해당하는 것은 존재나 부재에 관한 사건만을 가리키는 것이 아니라, 사물, 제도, 상품 등도 가리킬 수 있다.

한국어와 달리 중국어의 경우에는 '주어' 역할을 하는 문장성분이 대상의 의미역을 나타내는 경우가 극히 적다. 이런 경우에 해당되는 형용사로는 '严'만 찾아냈다. 예문을 통해 살펴보겠다.

(20) 领导要求自己很严。(주어[대상]+주어[대상]+서술어) (용법)

예문(20)을 통해 알 수 있듯이 대상의 의미역을 나타내는 '주어'는 어떠한 사건의 존재나 부재를 가리키는 것이 아니라 어떠한 인물이 자기에 대해 어떻게 한다는 것을 나타내고 있다. 이를 통해 알 수 있듯이 한국어와 중국어의 경우 대상의 의미역은 단지 사건의 존재와 부재를 가리키는 것이 아니라 다른 것도 가리킬 수 있다는 것을 알 수 있다.

한국어와 중국어의 2가 형용사 구문에서 제2명사구의 '주어' 역할을 하는 문장성분도 대상의 의미역을 나타낼 수 있다.

(21) 이전과는 양상이 판이하다. (주어[참조]+주어[대상]+서술어) (표준)
(22) 완도에 김 양식이 가득하다. (부사어[처소]+주어[대상]+서술어) (표준)
(23) 영희에게 시험 문제는 어렵다. (표준)
 (부사어[해당자]+주어[대상]+서술어)
(24) 他学习外语很细心。(주어[행위자]+주어[대상]+서술어) (용법)
(25) 他批评人很严厉。(주어[행위자]+주어[대상]+서술어) (용법)

예문(21)~(25)를 통해 살펴보면 한국어의 경우에는 대상의 의미역이 '양상, 양식, 시험 문제'와 같은 것이라면 중국어의 경우에는 대상의 의미역이 단어가 아닌 구로 되어 있으며 어느 한 사건에 대한 그 사람의 심리상태를 나타내고 있다.

3.1.1.5 기점
한국어와 중국어의 경우에는 '주어' 역할을 하는 문장성분이 기점의 의미역을 나타내는 경우가 있다.

(26) 우리 집은 학교에서 가깝다. (주어[기점]+부사어[착점]+서술어) (표준)
(27) 집은 버스 정류장까지 멀다. (주어[기점]+부사어[착점]+서술어) (표준)
(28) 广州离北京很远。(주어[기점]+부사어[착점]+서술어) (용법)

예문(26)~(28)을 통해 알 수 있듯이 우리 집을 기점으로 할 경우 학교가 착점으로 되고 집을 기점으로 할 경우 버스 정류장이 착점으로 되는 것이다. 한국어 2가 형용사의 경우에는 '주어' 역할의 문장성분이 기점의 의미역을 나타내는 경우를 찾아볼 수 있으며 중국어의 경우에도 같다. '广州'를 기점으로 하고 '北京'을 착점으로 할 때 광주에서 북경까지 멀다는 결과를 초래하게 된다.

3.1.1.6 처소
아래의 예문들은 형용사가 처소의 의미역을 주어로 취하는 구문이다. 하지만 중국어의 2가 형용사 구문에는 처소의 의미역을 주어로 취하는 것을 찾아볼 수가 없었다. 한국어의 경우에도 많지는 않았다. 이러한 경우에 사용하게 되는 형용사로는 '빽빽하다, 유명하다, 작다, 가깝다, 수월하다' 등이 있다.

(29) 집안이 손님들로 가득하다. (주어[처소]+부사어[대상]+서술어) (표준)
→ 집안에 손님들로 가득하다.
(30) 온양은 온천으로 유명하다. (주어[처소]+부사어[대상]+서술어) (표준)
→ 온양에 온천이 유명하다.
(31) 우리 집은 앞집보다 작다. (주어[처소]+부사어[참조]+서술어) (표준)
→ *우리 집에 앞집보다 작다. / 우리 집이 앞집보다 작다.

예문(29)~(31)은 처소 교체 즉 주어로 나타난 처소의 의미역이 교체 구문에서는 처소격 조사 '에'와 함께 실현될 수 있다. 하지만 처소의 의미역을 나타내는 모든 '주어'가 처소를 교체할 수 있는 것은 아니다. 예문(31)은 처소를 나타내는 조사 '에'로 교체할 경우 비문으로 나타나지만 주격조사 '이'로 교체할 경우 비문이 아니다.

3.1.1.7 참조

일부 형용사는 '와/과'를 통해 참조의 의미역을 나타낸다. 그러나 한국어는 이런 경우가 있지만 중국어에서는 이런 경우를 찾아볼 수가 없었다.

(32) 이전과는 양상이 판이하다. (주어[참조]+주어[대상]+서술어) (표준)

예문(32)는 '이전'이라는 것을 참조로 할 때 지금의 양상이 많이 변화했다는 것을 나타내고 있다. 즉 어떠한 것을 비교기준으로 삼을 때 다른 것이 어떤 변화가 일어났다는 것을 나타내고 있다.

3.1.1.8 범위

중국어의 경우에는 제1명사구에서 '주어' 역할을 하는 문장성분이 범위의 의미역을 나타내는 경우가 있다.

> (33) 看到这种局面我很寒心 (주어[범위]+주어[경험자]+서술어) (용법)
> → 지금 이 상황을 목격한 나는 마음이 시리다.
> (34) 听了这个故事, 小李十分驚奇 (용법)
> (주어[범위]+주어[경험자]+서술어)
> → 이 이야기를 들은 이 씨는 경악했다.
> (35) 这样做, 大家都欢喜 (주어[범위]+주어[경험자]+서술어) (용법)
> → 이렇게 하면 모든 사람이 좋아할 것이다.

예문(33)~(35)를 통해 알 수 있듯이 여기에서 '주어'의 역할을 하는 문장성분은 모두 어떤 사건에 대한 현 상황 혹은 그 사건에 대한 이야기를 통해 경험자의 느낌을 나타내고 있다. 예문 아래의 번역을 살펴보면 한국어의 경우에는 범위의 의미역이 '주어'로 나타나는 것이 아니라 그 뒤에 오는 경험자를 수식하는 '관형어'로 문장에 나타나게 된다.

중국어의 이중주어문 구문에서 제2명사구에 나타나는 주어도 범위의 의미역을 나타낼 수 있다. 예문은 아래와 같다.

> (36) 他考虑问题很全面。(주어[행위자]+주어[범위]+서술어)(용법)
> (37) 他处理问题很慎重。(주어[행위자]+주어[범위]+서술어)(용법)

(38) 他待人很实在。(주어[행위자]+주어[범위]+서술어)(용법)

(39) 小李搞材料细致。(주어[행위자]+주어[범위]+서술어)(용법)

예문(36)~(39)는 행위자가 어떤 범위의 사건을 어떻게 처리하는지를 설명하고 있다. 즉 행위자가 모든 일을 다 완벽하게 하는 것이 아니라 일정한 범위의 일을 할 때만 그런 특징을 나타낸다는 것이다.

3.1.1.9 속성

속성이라는 의미역은 어떠한 사물이나 사람이 갖고 있는 내적인 것을 가리킨다. 한국어와 중국어의 2가 형용사 구문을 살펴보면 한국어의 경우에는 이중주어문과 '부사어+주어+서술어'의 구문에서 주어 위치에 속성의 의미역이 나타나며 중국어의 경우에는 이중주주어문의 두 번째 주어에 속성의 의미역이 나타난다.

(40) 누나는 성격이 거세다. (주어[해당자]+주어[속성]+서술어) (표준)

(41) 할머니는 허리가 굽으셨다. (주어[해당자]+주어[속성]+서술어) (표준)

(42) 老李情绪很颓丧。(주어[경험자]+주어[속성]+서술어)(용법)

(43) 这两出租车样子很奇怪。(주어[대상]+주어[속성]+서술어) (용법)

예문(40)~(43)을 살펴보면 제2명사구에서 '주어' 역할을 하는 문장성분은 속성의 의미역을 나타내며 이것이 제1명사구에 나타나는 해당자, 경험자나 대상의 일부분이라고 볼 수 있다. 즉 '성격'은 '누나'가 소유하고 있는 것이며 '할머니'도 '허리'를 갖고 있을 것이다. 그리고 사람마다 모두 자신의 기분이 있고 자가용도 자신만의 외관을 갖고 있다. 때문에 앞에 나오는 경험자나 대상의 속성을 지닌다고 하여 속성의 의미역을 나타낸다고 보았다.

3.1.1.10 결과

한국어의 경우 제2명사구에서 '주어' 역할을 하는 문장성분이 결과의 의미역을 나타낼 수 있다. 예문은 아래와 같다.

(44) 믿었던 사람에게 배신당한 것이 분했다. (용법)
  (부사어[대상]+주어[결과]+서술어)

예문(44)에서는 어떤 대상으로 인해 어떤 결과를 초래하게 된 것을 경험자의 입장에서 이것을 진술하였다. 하지만 문장에서는 일을 겪은 경험자를 나타내지 않고 그 사람의 감정만 표현하였다.

3.1.2 한중 2가 형용사 구문에서 부사어의 의미역

한국어와 중국어의 2가 형용사 구문에서 부사어 역할을 하는 문장성분은 제1명사구 위치에만 놓일 수 있는 것이 아니라 제2명사구 위치에도 놓일 수 있다. 한국어와 중국어의 2가 형용사 구문에서 부사어의 의미역을 확인한 결과 아래와 같다.

3.1.2.1 대상

한국어와 중국어의 부사어는 모두 문장의 제일 앞부분에 나타날 수 있다. 이때 이들이 나타내는 의미역은 대상이다. 즉 어떤 사건 또는 인물에 대하여 어떠한지를 나타내고 있다. 예문을 통해 알 수 있다.

(45) 전 세계 사람들과 정보교환이 가능하다. (표준)
(부사어[대상]+주어[대상]+서술어)

(46) 부드러운 바람에 살갗이 간지럽다. (표준)
(부사어[대상]+주어[대상]+서술어)

(47) 영희의 행동에 아버지는 섭섭했다. (표준)
(부사어[대상]+주어[경험자]+서술어)

(48) 对于父亲的去世, 他很悲伤。(부사어[대상]+주어[경험자]+서술어) (용법)

(49) 对于他的死, 我们大家都十分悲痛。(용법)
(부사어[대상]+주어[경험자]+서술어)

(50) 面对巨大的损失, 他十分沉痛。(용법)
(부사어[대상]+주어[경험자]+서술어)

예문(45)~(50)을 통해 알 수 있듯이 한국어의 경우에는 대상의 의미역이 인물, 사건 등에 해당되는데 주로 이 대상을 통해 이에 대응하는 대상이 어떠한 변화를 일으켰는가를 나타내는가 하면 어떤 사건을 대상으로 경험자의 감정을 표현하기도 한다.

대상의 의미역은 제1명사구의 부사어뿐만 아니라 제2명사구의 부사어에도 활발히 나타난다. 아래 예문을 통해 살펴보겠다.

(51) 비문은 불교에 관계있다. (주어[대상]+부사어[대상]+서술어) (표준)
(52) 선거는 민주정치에 중요하다. (주어[대상]+부사어[대상]+서술어) (표준)

(53) 猴子跟猿相似。(주어[해당자]+부사어[대상]+서술어) (용법)

예문(51)~(53)을 통해 알 수 있듯이 제2명사구의 부사어 위치에도 대상의 의미역이 나타날 수 있다. 여기에서도 마찬가지로 이것이 어떠한 사건의 존재나 부재를 나타내는 것이 아니라 어떤 사건이나 사물의 대상으로 '무엇이 어떠하다'를 나타내고 있다.

3.1.2.2 참조

한국어에서는 참조의 의미역을 나타내는 부사어가 제1명사구나 제2명사구 위치에 오는 것을 찾아보았지만 중국어에서는 이런 경우를 찾아보지 못했다. 참조의 의미역을 나타내려면 문장에 참조의 기준을 나타내는 '比'가 와야 하는데 중국어의 경우 '比'가 문장에 나타나면 이 문장을 3가 형용사 구문으로 인정하였다. 따라서 중국어의 경우에는 참조의 의미역이 2가 형용사 구문에 나타나지 않았다.

(54) 형보다 내가 크다. (부사어[참조]+주어[해당자]+서술어) (표준)
(55) 그녀는 보기보다 무겁다. (주어[해당자]+부사어[참조]+서술어) (표준)
(56) 기름은 물보다 가볍다. (주어[대상]+부사어[참조]+서술어) (표준)

위의 예문을 통해 알 수 있듯이 한국어에서는 참조의 대상이 앞에 나타나는 경우가 있는가 하면 제2명사구 위치에 나타나는 경우도 있다. 즉 예문 (54)~(56)을 보면 참조하는 대상 또는 해당자가 문장의 앞이나 뒤에 나타나고 참조되는 대상이 그 문장에 같이 나타나면서 조사 '보다'와 동반하고 있다.

3.1.2.3 착점
한국어와 중국어의 2가 형용사 구문을 살펴보면 '부사어' 역할의 문장성분이 착점의 의미역을 나타낼 수 있다. 예문을 통해 알 수 있다.

(57) 우리 집은 학교에서 가깝다. (주어[기점]+부사어[착점]+서술어) (표준)
(58) 집에서 버스 정류장까지 멀다. (주어[기점]+부사어[착점]+서술어) (표준)
(59) 广州离北京很远。 (주어[기점]+부사어[착점]+서술어) (용법)

예문(57)에서는 우리 집을 기점으로 학교를 착점으로 볼 때 가깝다는 결과를 초래하게 되고 예문(58)은 우리 집을 기점으로 하고 정류장을 착점으로 볼 때 멀다는 결과를 초래하게 된다. 그리고 예문(59)에서 '广州'를 기점으로 하고 '北京'을 착점으로 할 경우 역이 멀다는 결과를 초래하게 된다. 즉 '부사어' 역할을 하는 문장성분은 2가 형용사 구문에서 착점의 의미역을 실현할 수 있다는 것이다.

3.1.2.4 경험자
한국어에서 심리 형용사일 경우 경험자의 의미역을 가질 수 있다. 하지만 경험자의 의미역은 제1명사구 위치에 나타난다. 여기에 해당하는 형용사로는 '믿음직스럽다, 아깝다, 어렵다, 떳떳하다, 징그럽다, 신비스럽다……' 등이 있다.

(60) 영희에게 시험 문제는 어렵다. (표준)

(부사어[경험자]+주어[대상]+서술어)

예문(60)에서도 시험 문제가 어렵다고 느낀 사람은 영희이다. 즉 '영희'는 이 문장에서 시험 문제가 어렵다는 것을 느끼는 경험자인 것이다. 하지만 중국어의 경우에는 '부사어' 역할의 문장성분에는 경험자의 의미역이 나타날 수 없고 '주어' 역할의 문장성분에만 경험자의 의미역이 나타날 수 있다.

3.1.2.5 처소

처소의 의미역은 한국어 2가 형용사 구문의 제1명사구 위치에 나타날 뿐만 아니라 제2명사구 위치에도 나타날 수 있다.

(61) 바닥에 물이 흥건하다. (부사어[처소]+주어[대상]+서술어) (표준)
→ 물이 바닥에 흥건하다. (주어[대상]+부사어[처소]+서술어)
(62) 산에 수목이 무성하다. (부사어[처소]+주어[대상]+서술어) (표준)
→ 수목이 산에 무성하다. (주어[대상]+부사어[처소]+서술어)
(63) 술이 잔에 가득하다. (주어[대상]+부사어[처소]+서술어) (표준)
→ 잔에 술이 가득하다. (부사어[처소]+주어[대상]+서술어)

예문(61)~(63)에서 '허술하다, 흥건하다, 무성하다'의 형용사에 해당하는 장소는 각각 '바닥, 산, 잔'이다. 이들을 살펴보면 처소의 의미역이 제1명사구 위치에 나타날 수 있을 뿐만 아니라 위치를 바꾸어 제2명사구 위치에도 자유롭게 나타낼 수 있다. 이것은 한국어는 조사가 발달하여 어순의 바꿈이 자유롭기 때문이다.

3.1.2.6 원인

원인의 의미역도 처소의 의미역과 마찬가지로 한국어의 2가 형용사 구문에서 제1명사구 위치와 제2명사구 위치에 자유롭게 나타날 수 있다. 예문을 통해 알 수 있다.

    (64) 거짓말을 하려니 마음이 괴로웠다. (표준)
        (부사어[원인]+주어[속성]+서술어)
        → 마음이 거짓말을 하려니 괴로웠다. (주어[속성]+부사어[원인]+서술어)
    (65) 며칠을 굶었더니 속이 쓰라리다. (표준)
        (부사어[원인]+주어[속성]+서술어)
        → 속이 며칠을 굶었더니 쓰라리다. 주어[속성]+부사어[원인]+서술어)
    (66) 해안선이 굴곡이 없어 단조롭다. (표준)
        (주어[대상]+부사어[원인]+서술어)
        → 굴곡이 없어 해안선이 단조롭다. 주어[속성]+부사어[원인]+서술어)

예문(64)~(66)을 통해 알 수 있듯이 마음이 괴롭고, 속이 쓰라리고, 해안선이 단조로운 원인은 각각 거짓말을 한 것과 며칠을 굶은 것, 그리고 굴곡이 없어서 일어난 일이다. 이와 같이 2가 형용사의 구문에서 원인을 먼저 밝혀 제1명사구에 쓰일 수 있을 뿐만 아니라 대상 또는 속성을 먼저 말한 다음 원인을 밝힐 수도 있다.

3.1.2.7 범위

한국어 2가 형용사 구문을 살펴보면 제2명사구의 자리에 오는 '부사어' 역할의 문장성분이 범위의 의미역을 나타낼 수 있다. 예문을 통해 알 수 있다.

    (67) 분교의 학생은 다섯 명에 불과하다. (표준)
        (주어[해당자]+부사어[범위]+서술어)
    (68) 그런 유적은 전 세계에 유일하다. (표준)
        (주어[대상]+부사어[범위]+서술어)

예문(67)~(68)을 살펴보면 주어의 위치에 나타나는 해당자와 대상의 의미역은 어떤 것에 미치는 한계를 뜻하는 범위의 의미역을 요구하고 있다. 즉 분교의 학생 수에 미치는 한계는 다섯 명에 불과하고 그 유적이 미치는 한계는 전 세계에서 하나뿐이라는 것을 나타내고 있다.

3.1.2.8 도구

한국어 2가 형용사 구문을 살펴보면 '부사어' 역할을 하는 문장성분이 도구의 의미역을 나타내는 경우를 찾아볼 수 있다. 예문으로 살펴보겠다.

    (69) 이런 병에는 어떤 약으로도 소용없다. (표준)
        (주어[대상]+부사어[도구]+서술어)

예문(69)에서 '부사어' 역할을 하는 문장성분은 방향격 표지의 기능을 하는 '로/으로'가 붙는데 이 방향격 표지의 주요한 기능 가운데 하나가 도구의 의미역을 실현하는 것이다.

3.1.2.9 자격

한국어의 2가 형용사 구문을 살펴보면 '부사어' 역할을 하는 문장성분이 자격의 의미역을 나타내는 경우도 있다. 예문을 통해 알 수 있다.

(70) 옷차림이 학생 신분에 알맞다. (주어[대상]+부사어[자격]+서술어) (표준)

예문(70)에서는 옷차림이 어떤 인물의 자격에 알맞게 입었다는 것을 나타내고 있다.

3.1.3 요약

이제까지 주어와 부사어에 결부된 의미역을 살펴보았다. 아래는 주어와 부사어에 실현된 의미역들이다.

1. 주어의 의미역: 경험자, 행위자, 해당자, 대상, 처소, 참조, 기점, 범위, 속성, 결과.
2. 부사어의 의미역: 대상, 참조, 경험자, 처소, 원인, 범위, 도구, 자격, 착점.

주어와 부사어의 의미역을 살펴보면 어떤 의미역은 주어와 부사어에 의해 모두 실현될 수 있고 어떤 의미역은 한 가지 문장성분에만 의해 실현된다. 예를 들어 '경험자, 대상, 처소, 참조, 범위'는 주어와 부사어에 의해 모두 실현될 수 있지만 '행위자, 해당자, 속성, 결과, 기점'은 주어에 의해서만 실현되고 '원인, 도구, 자격, 착점'은 부사어에 의해서만 실현된다.

3.2 논항 구조

최근에 들어서 형용사의 의미를 기술하기 위하여 형식적인 틀을 이용하는 것이 있다. 서술어의 의미가 구문의 통사적 특성을 결정한다는 생각은 오래 전부터 있어 왔으나 이러한 서술어의 의미와 통사의 상관성에 대한 형식적인 설명은 최근에서야 이루어졌다. 즉 논항이 통사적으로 실현되는 양상이 형용사의 의미에서 예측된다는 가정 하에 서술어의 의미는 어떠한 틀에 맞추어 표상되어야 하는지, 그리고 어휘의미 구조에 논항들이 갖는 의미역은 어떻게 표상되는지, 의미역은 통사적으로 어떻게 실현되는지, 그리고 논항의 통사적 실현 양상을 결정하는 데 관여하는 의미 특성은 무엇인지 등을 탐구해 왔다. 이 책에서 논의하고자 하는 논항 구조란 서술어가 요구하는 논항들이 몇 개 있으며, 이들이 의미적으로 어떤 의미역을 갖게 되는지를 표상해 주는 것이다. 서술어의 논항 구조에 대해서는 앞서 3.1에서 논의한 의미역 분류를 기초로 실제 서술어들이 취하는 논항들이 어떤 의미역으로 해석되는지를 자세히 살펴보겠다.

한국어 서술어를 예로 들어 그 논항 구조를 나타내면 아래와 같다.

  (71) 근이는(경험주) 이 영화가(자극) 지루했다. (남승호 1다)
    논항 구조: 경험주+자극

이와 같이 경험주와 자극의 의미역은 서술어 '지루하다'에 의해 요구되는

2개의 필수논항의 의미역이며 이들이 결합하여 서로 다른 논항 구조를 이루고 있다. 그럼 아래 한국어와 중국어의 2가 형용사 구문의 논항 구조를 살펴보겠다.

3.2.1 한국어와 중국어가 공동으로 취하는 논항 구조

한국어와 중국어의 2가 형용사 구문을 살펴보면 두 언어가 똑같은 논항 구조를 가지는 경우가 있는가 하면 서로 다른 논항 구조를 취하는 경우도 있다. 우선 한국어와 중국어가 공동으로 취하는 논항 구조를 살펴보겠다.

3.2.1.1 경험자+속성

한국어와 중국어의 2가 형용사 구문을 살펴보면 이중주어문 구성에서 경험주와 속성의 의미역을 논항으로 취한다. 이런 논항 구조를 이루는 한국어 형용사들로는 '거북하다, 아프다, 좋다……' 등과 같이 자신의 감정을 표현하는 것이다. 중국어 형용사들로는 '颓丧'과 같이 역시 자신의 기분을 표현하는 단어들이다. 예문을 통해 알 수 있다.

(72) 나는 입장이 거북하다. (주어[경험자]+주어[속성]+서술어) (표준)
→ 나의 입장이 거북하다.
(73) 老李情绪很颓丧。(주어[경험자]+주어[속성]+서술어) (용법)
→ 老李的情绪很颓丧。

예문(72)~(73)을 살펴보면 이들은 모두 '누구'라는 경험자를 갖고 있으며 이 경험자가 소유하고 있는 어떠한 속성에 대한 그들의 감정을 나타내고 있다. 속성의 의미역이 경험자의 속성을 나타내고 있기에 예문에서 보여준 것처럼 제1명사구는 제2명사구의 수식성분으로 바뀔 수도 있다.

3.1.1.2 경험자+대상

한국어와 중국어 2가 형용사 구문을 살펴보면 경험자와 대상의 의미역을 논항으로 취하고 있다. 한국어의 경우 '경험자+대상'의 논항 구조는 이중주어문과 '주어+부사어+서술어' 구문에 나타나지만 중국어의 경우에는 뒤의 구문에만 나타난다. 예문을 통해 알 수 있다.

(74) 나는 바깥소식이 궁금하다. (주어[경험자]+주어[대상]+서술어) (표준)
(75) 어머니는 어려움을 이겨내는 아들이 대견하다. (표준)
  (주어[경험자]+주어[대상]+서술어)
(76) 김 차장이 모든 부하직원들에게 냉정하다. (표준)
  (주어[경험자]+부사어[대상]+서술어)
(77) 그 언니가 남자 친구한테 몹시 쌀쌀스러웠다. (표준)
  (주어[경험자]+부사어[대상]+서술어)
(78) 李明对自己的前途很乐观。(주어[경험자]+부사어[대상]+서술어) (용법)
(79) 代表们对城市的绿化工作很满意。(용법)
  (주어[경험자]+부사어[대상]+서술어)

예문(74)~(79)를 살펴보면 한국어의 경우에는 이중주어문 구문에서 경험자인 '나, 어머니'가 어떤 대상에 대하여 가진 심리적 상태를 나타내고 있다. 하지만 예문(76)~(79)에서는 이중주어문 구문이 아닌 '주어+부사어+서술어'

구조인데도 '경험자+대상'의 논항 구조를 취하고 있다. 즉 경험자인 '김차장'이 부하직원들의 상태와 관계없이 부하직원들을 향한 냉정한 심리적 태도를 갖고 있음을 표현하며 '언니'가 남자 친구의 행동과는 관계없이 그에 대해 쌀쌀스러운 행동을 표현했다는 것이다. 여기에 쓰이는 형용사는 어떤 인물에 대한 경험자의 태도를 나타내는 형용사가 주로 쓰인다. 하지만 예문(78)~(79)를 통해 중국어의 경우를 살펴보면 이들은 경험자인 '李明, 代表們'들이 어떠한 사건을 대상으로 그 사건에 대해 가지는 경험자의 심리적 상태를 나타내고 있다.

3.1.1.3 해당자+대상

한국어와 중국어 2가 형용사 구문을 살펴보면 해당자와 대상의 의미역을 논항으로 취하고 있다.

(80) 그는 군인이 아니다. (주어[해당자]+주어[대상]+서술어) (표준)
(81) 그녀는 인형처럼 예쁘다. (주어[해당자]+부사어[대상]+서술어) (표준)
(82) 猴子跟猿相似。(주어[해당자]+부사어[대상]+서술어) (용법)

예문(80)~(82)를 통해 알 수 있듯이 한국어의 경우에는 해당자의 의미역에 나오는 '주어' 역할의 문장성분이 어떤 인물을 나타내고 그 인물과 관계되는 대상을 비교한 결과를 나타내고 있다. 중국어의 경우에도 해당자의 의미역에 오는 '주어' 역할의 문장성분이 어떤 인물을 나타내며 이 인물과 상대되는 대상과 어떤 관계를 맺고 있다는 것을 나타내고 있다.

3.1.1.4 해당자+범위

한국어와 중국어 2가 형용사 구문을 살펴보면 해당자와 범위의 의미역을 논항으로 취하고 있다. 하지만 한국어와 중국어에서 '해당자+범위'의 논항 구조를 취하는 형용사는 상대적으로 적었다.

(83) 분교의 학생은 다섯 명에 불과하다. (표준)
　　 (주어[해당자]+부사어[범위]+서술어)
(84) 衣料摸起来相当光滑。(주어[해당자]+주어[범위]+서술어) (용법)

예문(83)~(84)를 살펴보면 해당자의 의미역을 나타내는 '주어' 역할의 문장성분은 어떤 대상을 나타내고 이 대상과 관계되는 범위 내에서 발생하는 결과를 나타내고 있다.

3.1.1.5 기점+착점

한국어와 중국어 2가 형용사 구문을 살펴보면 기점과 착점의 의미역을 논항으로 취하고 있다. 하지만 이런 논항 구조를 취하는 형용사는 거리의 멀고 가까움을 나타내는 형용사에만 한한다.

(85) 우리 집은 학교에서 가깝다. (주어[기점]+부사어[착점]+서술어) (표준)
(86) 집에서 정류장까지 멀다. (주어[기점]+부사어[착점]+서술어) (표준)
(87) 广州离北京很远。(주어[기점]+부사어[착점]+서술어) (용법)

예문(85)~(87)을 살펴보면 '주어' 역할의 문장성분을 기점으로 하고 '부사어' 역할의 문장성분을 착점으로 할 때 기점과 착점 사이의 거리관계를 나타내고 있다.

3.2.2 한국어만 취하는 논항 구조

3.2.2.1 해당자+속성

한국어 2가 형용사 구문을 살펴보면 해당자와 속성의 의미역을 논항으로 취하고 있다. 여기에 해당하는 형용사는 '거세다, 고지식하다, 굽다, 짧다……' 등과 같이 사람이 갖고 있는 속성을 나타내고 있다.

    (88) 누나는 성격이 거세다. (주어[해당자]+주어[속성]+서술어) (표준)
    (89) 은사님은 성품이 고지식하다. (주어[해당자]+주어[속성]+서술어) (표준)
    (90) 할머니는 허리가 굽으셨다. (주어[해당자]+주어[속성]+서술어) (표준)
    (91) 토끼는 뒷발이 짧다. (주어[해당자]+주어[속성]+서술어) (표준)

예문(88)~(91)을 살펴보면 인물이 갖고 있는 속성의 특징을 표현하고 있다. 즉 누나가 갖고 있는 속성인 성격은 거세고 은사님이 갖고 있는 속성인 성품은 고지식하고 할머니가 갖고 있는 속성인 허리는 굽으셨고 토끼가 갖고 있는 속성인 뒷발은 짧다는 것을 '해당자+속성'의 논항 구조를 통해 표현하고 있다.

3.2.2.2 대상+대상

한국어 2가 형용사 구문을 살펴보면 제1명사구와 제2명사구가 모두 대상의 의미역을 논항으로 취하고 있는 경우도 있다. 여기에 해당하는 형용사는 '유리하다, 잔인하다, 중요하다, 역력하다……' 등이 있다.

(92) 여름 계절풍은 벼농사에 유리하다. (표준)

(주어[대상]+부사어[대상]+서술어)

(93) 그의 말은 나에게 너무 잔인했다. (표준)

(주어[대상]+부사어[대상]+서술어)

(94) 선거는 민주 정치에 중요하다. (주어[대상]+부사어[대상]+서술어) (표준)

(95) 흥분과 불안이 얼굴에 역력하다. (표준)

(주어[대상]+부사어[대상]+서술어)

예문(92)~(95)를 살펴보면 이들은 모두 어떠한 사건 또는 사물이 그 대상에 대하여 어떠한 영향을 미친다는 것을 나타내고 있다.

3.2.2.3 대상+처소

한국어 2가 형용사 구문을 살펴보면 대상과 처소의 의미역을 논항으로 취하고 있다. 여기에 해당하는 형용사는 '허술하다, 흥건하다, 가득하다, 무성하다, 빽빽하다, 성하다, 유명하다, 촘촘하다……' 등이 있다.

(96) 술이 잔에 가득하다. (주어[대상]+부사어[처소]+서술어) (표준)

(97) 산에 수목이 무성하다. (부사어[처소]+주어[대상]+서술어) (표준)

(98) 산이 나무로 빽빽하다. (주어[처소]+부사어[대상]+서술어) (표준)

(99) 완도에 김 양식이 성하다. (부사어[처소]+주어[대상]+서술어) (표준)

예문(96)~(99)를 살펴보면 처소의 의미역이 '주어' 역할의 문장성분으로 나타낼 수 있을 뿐만 아니라 '부사어' 역할의 문장성분으로도 나타낼 수 있다. 그리고 '대상+처소'의 논항 구조를 나타낼 뿐만 아니라 '처소+대상'의 논항 구조로도 나타낼 수 있다. 그리고 이 논항 구조에 쓰이는 형용사들을 살펴보면 모두 '어떤 곳에 무엇이 어떠하다'라는 것을 나타내고 있다. 여기에서 '무엇'에 해당하는 것은 모두 사물을 나타내는 명사이다.

3.2.2.4 대상+속성

한국어 2가 형용사 구문을 살펴보면 대상과 속성의 의미역을 논항으로 취하고 있다. 아래의 예문을 통해 살펴보겠다.

(100) 이 제품은 사용이 간편하다. (주어[대상]+주어[속성]+서술어) (표준)
(101) 정방형의 네 변의 길이가 똑같다. (표준)
 (주어[대상]+주어[속성]+서술어)

예문(100)와 (101)을 살펴보면 여기에서 대상의 의미역에 나타나는 명사는 인물을 나타내는 명사가 아닌 사물을 나타내는 명사들이다. 이 논항 구조에 쓰이는 형용사들은 이 사물이 갖고 있는 속성이 어떠하다는 것을 나타내고 있다.

3.2.2.5 대상+원인

한국어 2가 형용사 구문을 살펴보면 대상과 원인의 의미역을 논항으로 취하고 있다. 아래의 예문을 통해 살펴보겠다.

(102) 해안선이 굴곡이 없어 단조롭다. (표준)
 (주어[대상]+부사어[원인]+서술어)

예문(102)를 살펴보면 대상의 의미역을 나타내는 어떠한 사물이 어떤 원인으로 인해 어떤 효과를 나타내고 있다는 것을 표현하고 있다. 즉 해안선이 단조로운 원인은 굴곡이 없다는 것이다.

3.2.2.6 대상+도구

한국어 2가 형용사 구문을 살펴보면 대상과 도구의 의미역을 논항으로 취하고 있다. 아래의 예문을 통해 살펴보겠다.

(103) 이런 병에는 어떤 약도 소용없다. (표준)
(주어[대상]+부사어[도구]+서술어)

예문(103)을 살펴보면 '대상+도구'의 논항 구조는 '주어+부사어+서술어'의 문장 구조를 취하고 있으며 어떠한 사건에 대하여 도구가 어떠한 효과를 나타낸다는 것을 표현하고 있다.

3.2.2.7 대상+자격

한국어 2가 형용사 구문을 살펴보면 대상과 자격의 의미역을 논항으로 취하고 있다. 아래의 예문을 통해 살펴보겠다.

(104) 옷차림이 학생 신분에 알맞다. (주어[대상]+부사어[자격]+서술어) (표준)

예문(104)를 살펴보면 '대상+자격'의 논항 구조도 역시 '주어+부사어+서술어'의 문장 구조를 취하고 있으며 어떤 자격을 가진 대상이 어떠하다는 것을 표현하고 있다.

3.2.2.8 대상+참조
한국어와 2가 형용사 구문을 살펴보면 대상과 참조의 의미역을 논항으로 취하고 있다. 이 논항 구조를 취하는 형용사는 상대적으로 적었다.

 (105) 더위가 작년보다 덜하다. (주어[대상]+부사어[참조]+서술어) (표준)
 (106) 그녀의 얼굴은 종잇장처럼 희다. (표준)
   (주어[대상]+부사어[참조]+서술어)

예문(105)~(106)에서는 대상의 의미역에 해당하는 사건이나 사물이 그의 참조 대상과 비교한 결과가 어떠하다라는 것을 나타내고 있다. 이 논항 구조에서는 어떤 사물 또는 사건을 다른 참조 대상과 비교할 때 나타나는 결과를 표현하고 있다.

3.2.2.9 처소+참조
한국어와 2가 형용사 구문을 살펴보면 처소와 참조의 의미역을 논항으로 취하고 있다. 위의 논항 구조와 마찬가지로 이 논항 구조를 취하는 형용사도 상대적으로 적었다.

 (107) 우리 집은 앞집보다 작다. (주어[처소]+부사어[참조]+서술어) (표준)

예문(107)을 통해 알 수 있듯이 어떠한 곳을 참조기준으로 삶았을 경우 그에 해당되는 처소가 어떠한 결과를 나타낸다는 것을 표현하고 있다.

3.2.2.10 원인+속성

한국어 2가 형용사 구문을 살펴보면 원인과 속성의 의미역을 논항으로 취하고 있다. 여기에 해당하는 형용사는 '쓰라리다, 괴롭다……' 등이 있다.

(108) 며칠을 굶었더니 속이 쓰라리다. (표준)
 (부사어[원인]+주어[속성]+서술어)
(109) 거짓말을 하려니 마음이 괴롭다. (표준)
 (부사어[원인]+주어[속성]+서술어)

예문(108)~(109)를 살펴보면 '원인+속성'의 논항 구조를 취하는 형용사는 '부사어+주어+서술어'의 문장 구조를 이루고 있으며 여기에 쓰이는 형용사는 어떤 원인으로 인해 어떤 인물이 갖고 있는 속성이 어떠하다는 것을 표현하고 있다.

3.2.3 중국어만 취하는 논항 구조

3.2.3.1 행위자+범위

중국어 2가 형용사 구문을 살펴보면 행위자와 범위의 의미역을 논항으로 취하고 있다. 여기에 해당하는 형용사는 '安心, 霸道, 粗心, 呆板, 古板, 古怪, 积极, 尖锐……' 등이 있다.

(110) 他学习挺安心。(주어[행위자]+주어[범위]+서술어) (용법)
(111) 他演电影很呆板。(주어[행위자]+주어[범위]+서술어) (용법)
(112) 张局长办事古板。(주어[행위자]+주어[범위]+서술어) (용법)

(113) 他看问题很尖锐。(주어[행위자]+주어[범위]+서술어) (용법)

예문(110)~(113)을 살펴보면 '安心, 呆板, 古板, 尖锐' 네 형용사는 모두 '행위자+범위'의 논항 구조를 취하고 있다. 한국어의 경우에는 형용사 구문에 행위자의 의미역이 나타날 수 없지만 중국어의 경우에는 형용사가 동사와 같은 기능을 하는 경우가 있기 때문에 중국어의 2가 형용사 구문에는 행위자의 의미역이 나타날 수 있다. 그리고 중국어 2가 형용사 구문에서 제2명사구에 나타나는 범위의 의미역에 해당하는 문장성분이 '述宾'관계의 구절인 경우가 있기에 제1명사구에 나타나는 '주어'가 행위자의 의미역으로 보이게끔 작용한다.

3.2.3.2 행위자+대상

중국어 2가 형용사 구문을 살펴보면 행위자와 대상의 의미역을 논항으로 취하고 있다. 여기에 해당하는 형용사는 '粗野, 淡薄, 淡漠, 负责, 愤慨, 和气, 好奇, 厚道, 冷漠……' 등이 있다.

(114) 小王对家人很粗野。(주어[행위자]+부사어[대상]+서술어) (용법)
(115) 他对象棋的兴趣逐渐淡薄了。(주어[행위자]+부사어[대상]+서술어) (용법)
(116) 他们对敌人的罪行非常愤慨。(주어[행위자]+부사어[대상]+서술어) (용법)
(117) 他对社会的认识很肤浅。(주어[행위자]+부사어[대상]+서술어) (용법)

예문(114)~(117)을 살펴보면 '행위자+대상'의 논항 구조를 취하는 형용사는 '주어+부사어+서술어'의 문장 구조를 취하고 있다. 여기에서는 행위자가 어떤 사건 또는 대상에 대하여 갖는 심리적 태도를 나타내고 있다.

3.2.3.3 경험자+범위

중국어 2가 형용사 구문을 살펴보면 경험자와 범위 의미역을 논항으로 취하고 있다. 여기에 해당하는 형용사는 '害羞, 惊奇, 难, 麻烦, 愉快, 喜欢……' 등이 있다.

(118) 他见了生人就害羞。(주어[경험자]+주어[범위]+서술어) (용법)
 → 见了生人他就害羞。(주어[범위]+주어[경험자]+서술어)
(119) 听了这个故事, 小李很惊奇。(주어[범위]+주어[경험자]+서술어)(용법)
 → 小李听了这个故事很惊奇。(주어[경험자]+주어[범위]+서술어)
(120) 他当时想吃饱饭都很难。(주어[경험자]+주어[범위]+서술어) (용법)
 → 当时想吃饱饭他都很难。(주어[범위]+주어[경험자]+서술어)
(121) 你们遇到这种事情很麻烦。(주어[경험자]+주어[범위]+서술어) (용법)
 → 遇到这种事情你们很麻烦。(주어[범위]+주어[경험자]+서술어)

예문(118)~(121)을 살펴보면 '경험자+범위'의 논항 구조를 취하는 형용사는 어떤 사건의 범위에 대하여 이 일을 겪은 경험자가 갖는 심리적 태도를 표현하고 있다.

3.2.3.4 해당자+결과

중국어 2가 형용사 구문을 살펴보면 해당자와 결과의 의미역을 논항으로 취하고 있다. 여기에 해당하는 형용사는 '倔' 등이 있다.

(122) 他倔了一辈子。(주어[해당자]+서술어+목적어[결과]) (용법)

예문(122)를 살펴보면 '해당자+결과'의 논항 구조를 취하는 형용사는 '주어+서술어+목적어'의 문장 구조를 취하고 있는데 다른 논항 구조와 달리 이것은 해당자와 결과의 의미역 사이에 '서술어' 역할의 문장성분이 끼어 있다. 즉 '해당자+서술어+결과'의 문장 구조를 취하고 있다.

3.2.3.5 속성+결과
중국어 2가 형용사 구문을 살펴보면 속성과 결과의 의미역을 논항으로 취하고 있다. 여기에 해당하는 형용사는 '轻' 등이 있다.

(123) 体重轻了几斤。(주어[속성]+서술어+목적어[결과]) (용법)

예문(123)을 살펴보면 '속성+결과'의 논항 구조를 취하는 형용사는 어떤 인물이 갖고 있는 내부적 속성이 어떠한가를 나타내는 것이다. 즉 어떤 인물의 체중이 몇 키로 떨어졌다는 것을 표현하고 있다.

제4장

한중 2가 형용사 구문의 대응형식

앞서 2장과 3장에서는 한국어와 중국어의 2가 형용사 구문의 통사적 구조와 논항 구조에 대해 대조 분석하였다. 이를 토대로 4장에서는 한국어 2가 형용사 구문이 중국어에서의 대응형식과 중국어 2가 형용사 구문이 한국어에서의 대응형식을 살펴볼 것이다. 4장에서는 수집한 한중 번역자료를 중심으로 대응형식을 분석할 것이다.

4.1 한국어 2가 형용사 구문이 중국어에서의 대응형식

한국어 2가 형용사 구문을 살펴보면 크게 이중주어문 구조와 '주어+부사어+서술어'의 구조를 갖고 있다. 아래 이중주어문 구조와 '주어+부사어+서술어'의 구조가 중국어로 번역될 경우 어떤 결과를 초래하게 되는지 살펴볼 것이다.

4.1.1 이중주어문의 대응형식

4.1.1.1 중국어의 'N₁+N₂+A'의 구조와 대응되는 경우

한국어의 2가 형용사 구문에서 이중주어문 구조를 가진 문장들을 살펴보면 중국어의 이중주어문 'N₁+N₂+A'의 구조 즉 '주어+주어+서술어'의 구조로 번역되는 경우를 찾아냈다. 하지만 이런 경우는 상대적으로 적었다. 예문을 통해 살펴보겠다.

(1) 이번 일은 내가 <u>심했다</u>. (주어[대상]+주어[경험자]+서술어) (표준)
 → 这次的事情我有点<u>过分</u>了。(주어[대상]+주어[경험자]+서술어)
(2) 누나는 음식 솜씨가 <u>좋다</u>. (주어[해당자]+주어[속성]+서술어)
 → 姐姐做菜的手艺<u>很好</u>。(주어[해당자]+주어[속성]+서술어)

예문(1)~(2)를 살펴보면 한국어의 2가 형용사 구문도 이중주어문 구조를 가지고 있을 뿐만 아니라 중국어의 2가 형용사 구문도 이중주어문의 구조를 가지고 있다. 그리고 문장의 구조 형식을 살펴보면 제1명사구에는 대상, 해당자의 의미역을 나타내는 주어, 제2명사구에는 경험자, 속성의 의미역을 나타내는 주어가 중국어의 논항 구조와 똑같다. 중국어의 경우에도 '대상+경험자', '해당자+속성'의 논항 구조와 'N1+N2+A'의 구조 즉 '주어+주어+서술어'의 문장 구조를 갖고 있다.

4.1.1.2 중국어의 'N₁+对+N₂+A'의 구조와 대응되는 경우

2가 형용사 구문의 이중주어문을 살펴보면 한국어는 이중주어문으로 되어 있지만 중국어로 번역하면 'N₁+对+N₂+A'의 구조로 번역되는 것도 있다.

예문을 통해 살펴보겠다.

> (3) 나는 바깥소식이 <u>궁금하다</u>. (표준)
> (주어[경험자]+주어[대상]+서술어)
> → 我对外面的世界<u>感兴趣</u>。(주어[경험자]+부사어[대상]+서술어)
> (4) 나는 가족이 <u>소중하다</u>. (주어[경험자]+주어[대상]+서술어) (표준)
> → 家人对我来说<u>很重要</u>。(주어[경험자]+부사어[대상]+서술어)

예문(3)과 (4)를 살펴보면 한국어의 2가 형용사 구문은 이중주어문 구조를 갖고 있지만 중국어의 2가 형용사 구문은 'N₁+对+N₂+A'의 구조를 갖고 있다. 똑같은 이중주어문 구조이지만 제2명사구의 주어가 속성의 의미역을 가질 경우에는 이것이 앞에 나오는 주어의 속성을 나타내고 있기 때문에 제1명사구의 주어가 관형격 형식으로 번역되지만 제2명사구의 주어가 대상의 의미역을 나타낼 경우에는 제1명사구에 나타나는 경험자에 대해 대상이 어떠한 느낌을 갖고 있다는 것을 나타내고 있기 때문에 중국어로 번역할 경우 이중주어문으로 번역하는 것보다 'N₁+对+N₂+A'의 구조로 번역하는 것이 더욱 자연스럽다.

4.1.1.3 중국어의 'N₁+A/V+N₂'와 대응되는 경우

한국어의 2가 형용사 구문의 이중주어문을 중국어로 번역하면 'N₁+A/V+N₂' 즉 '주어+서술어+목적어'의 구조를 가지는 경우도 있다. 예문을 통해 살펴보겠다.

(5) 나는 바깥소식이 궁금하다. (주어[경험자]+주어[대상]+서술어) (표준)
   → 我挂念外面的世界。(주어[경험자]+서술어+목적어[대상])

(6) 나는 그 여자가 두렵다. (주어[경험자]+주어[대상]+서술어) (표준)
   → 我怕那个女人。(주어[경험자]+서술어+목적어[대상])

(7) 나는 거짓말을 하는 사람이 밉다. (표준)
   (주어[경험자]+주어[대상]+서술어)
   → 我讨厌说谎的人。(주어[경험자]+서술어+목적어[대상])

(8) 선수들은 우승한 상대편이 부러웠다. (표준)
   (주어[경험자]+주어[대상]+서술어)
   → 选手们很羡慕获胜的对方。(주어[경험자]+서술어+목적어[대상])

예문(5)~(8)를 살펴보면 중국어로 번역된 2가 형용사 구문은 이중주어문이 아닌 'N₁+A/V+N₂' 즉 '주어+서술어+목적어'의 구조를 이루고 있다. 즉 한국어 제1명사구의 주어는 중국어에서 계속 주어 역할을 하지만 제2명사구의 주어는 중국어에서 주어가 아닌 서술어의 뒤에 나타나는 목적어 역할을 하고 있다. 한국어의 2가 형용사 구문의 이중주어문을 살펴보면 제1명사구의 위치에 나타나는 '주어'를 화용적 측면에서 살펴보면 '주제어'의 역할을 하고 있다. 즉 제1명사구에 나타나는 경험자가 대상에 대하여 어떤 심리적 태도를 나타내고 있다는 것을 중국어에서는 'N₁+A/V+N₂'의 문장 구조를 통해 표현하고 있다. 그리고 예문(5)의 중국어 번역문을 보면 문장의 서술어는 형용사가 아닌 동사이다.

4.1.1.4 중국어의 'N₁+觉得/因+N₂+A' 구조와 대응되는 경우

한국어의 2가 형용사 구문의 이중주어문을 중국어로 번역하면 'N₁+觉得/

因+N₂+A'의 구조를 가지는 경우도 있다. 예문을 통해 살펴보겠다.

(9) 영희는 자신의 앞길이 감감하다. (표준)
　　(주어[경험자]+주어[대상]+서술어)
　→ 英姬觉得自己的前途渺茫。(주어[경험자]+부사어[대상]+서술어)
(10) 나는 그의 눈초리가 미심쩍다. (주어[경험자]+주어[대상]+서술어) (표준)
　→ 我觉得他的眼神很古怪。(주어[경험자]+부사어[대상]+서술어)
(11) 아버지는 상을 받은 아들이 자랑스럽다. (표준)
　　(주어[경험자]+주어[대상]+서술어)
　→ 爸爸因得奖的儿子而自豪。(주어[경험자]+부사어[대상]+서술어)

예문(9)~(11)을 살펴보면 한국어의 2가 형용사 구문은 이중주어문 구조를 이루고 있지만 중국어로 번역되면 'N₁+觉得/因+N₂+A'의 구조를 이루고 있다. 한국어에서는 경험자가 어떤 대상으로 인해 느끼는 심리적 감정을 표현하고 있는데 중국어로 번역된 문장에서는 경험자의 심리적 감정을 더욱 명확하게 표현하기 위하여 '觉得/因'을 직접 문장에 나타나게 한 것이다.

4.1.1.5 제1명사구의 주어가 관형격 형식으로 대응되는 경우

한국어 2가 형용사 구문에서 이중주어문 구조를 가진 문장들을 번역하여 보면 제2명사구에 위치한 '주어' 역할의 문장성분이 '속성'의 의미역을 가질 경우 이 문장은 이중주어문으로 번역되는 것이 아니라 제1명사구에 위치한 '주어' 역할의 문장성분이 '주어'가 아닌 제2명사구의 주어를 수식하는 관형격 형식으로 번역된다. 예문을 통해 알 수 있다.

(12) 이 제품은 사용이 <u>간편하다</u>. (주어[대상]+주어[속성]+서술어) (표준)
　　→ 这个产品的使用简单。(주어[속성]+서술어)
(13) 우리 가족은 결속력이 <u>강하다</u>. (주어[해당자]+주어[속성]+서술어) (표준)
　　→ 我们家的凝聚力强。(주어[속성]+서술어)
(14) 누나는 성격이 <u>거세다</u>. (주어[해당자]+주어[속성]+서술어) (표준)
　　→ 姐姐的性格坚强。(주어[속성]+서술어)
(15) 은사님은 성품이 <u>고지식하다</u>. (주어[해당자]+주어[속성]+서술어) (표준)
　　→ 老师的性格非常耿直。(주어[속성]+서술어)

예문(12)~(15)를 통해 알 수 있듯이 예문에서 문장의 서술어는 중국어의 2가 형용사 서술어와 대응되고 제1명사구에 위치한 '주어' 역할의 문장성분은 제2명사구에 위치한 '주어' 역할의 문장성분을 수식하는 관형격 형식으로 번역되고 있다. 왜냐하면 제2명사구에 위치한 '주어' 역할의 문장성분이 제1명사구에 위치한 '주어' 역할의 문장성분의 속성을 나타내기 때문에 이때 제1명사구에 위치한 '주어'는 중국어에서 주어가 아닌 제2명사구에 위치한 '주어' 역할의 문장성분을 수식하는 관형격 형식으로 번역되는 것이 더욱 자연스럽다.

4.1.1.6 서술어가 형용사가 아닌 사자성어인 경우

한국어의 2가 형용사 구문의 이중주어문을 살펴보면 한국어는 이중주어문으로 되어 있지만 중국어에서는 서술어가 형용사가 아니 동사나 사자성어로 나타내는 경우가 있다. 예문을 통해 살펴보겠다.

(16) 나는 그의 제안이 <u>기막히다</u>. (주어[경험자]+주어[대상]+서술어) (표준)
→ 我对他的提案<u>无话可说/气死了</u>。(주어[해당자]+부사어[대상]+서술어)

예문(16)을 살펴보면 한국어의 경우에는 2가 형용사 구문을 이루고 있지만 중국어로 번역된 문장에서 서술어는 형용사가 아닌 동사 또는 사자성어이다. 즉 이와 같이 한국어의 문장에서는 서술어가 형용사로 나타날 수 있지만 중국어로 번역된 문장에서는 형용사가 아닌 동사 또는 사자성어로 나타날 수 있는 경우가 있다.

4.1.2 '주어+부사어+서술어' 구조의 대응형식

4.1.2.1 중국어의 'N₁+N₂+A'와 대응되는 경우

한국어의 2가 형용사 구문의 '주어+부사어+서술어'의 구문을 살펴보면 중국어의 'N₁+N₂+A' 즉 '주어+부사어+서술어'의 구조를 이루는 문장을 발견할 수 있다. 예문을 통해 살펴보겠다.

(17) 우리 집은 학교에서 <u>가깝다</u>. (주어[기점]+부사어[착점]+서술어) (표준)
→ 我们家离学校<u>近</u>。(주어[기점]+부사어[착점]+서술어)
(18) 집에서 버스 정류장까지 <u>멀다</u>. (주어[기점]+부사어[착점]+서술어) (표준)
→ 从家到公交车站<u>远</u>。(주어[기점]+부사어[착점]+서술어)
(19) 이 도서실은 자료 찾기가 <u>수월하다</u>. (표준)
(주어[처소]+부사어[대상]+서술어)
→ 这个图书馆找资料<u>方便</u>。{주어[처소]+부사어[대상]+서술어}

예문(17)~(19)를 살펴보면 한국어와 중국어로 번역된 문장은 모두 '주어+부사어+서술어'의 구조를 취하고 있다. 이 예문에서는 모두 어떠한 사실에 대한 관점이 어떠하다를 나타내는데 이것은 중국어의 'N$_1$+N$_2$+A' 즉 '주어+부사어+서술어'의 구조에 대응된다.

4.1.2.2 중국어의 'N$_1$+对+N$_2$+A' 구조와 대응되는 경우

한국어의 2가 형용사 구문의 '주어+부사어+서술어'의 구문을 살펴보면 중국어의 'N$_1$+对+N$_2$+A' 구문과 대응되는 구조를 이루는 문장을 발견할 수 있다. 예문을 통해 살펴보겠다.

(20) 여름 계절풍은 벼농사에 유리하다. (표준)

　　(주어[대상]+부사어[대상]+서술어)

　　→ 夏天的季节风对种地有利 。(주어[대상]+부사어[대상]+서술어)

(21) 책은 아이들 교육에 유익하다. (주어[대상]+부사어[대상]+서술어) (표준)

　　→ 书对孩子教育有益。(주어[대상]+부사어[대상]+서술어)

(22) 그의 말은 나에게 너무나도 잔인하다. (표준)

　　(주어[대상]+부사어[대상]+서술어)

　　→ 她说的话对我来说很残忍。(주어[대상]+부사어[대상]+서술어)

(23) 그 사람은 돈 문제에 민감하다. (표준)

　　(주어[해당자]+부사어[대상]+서술어)

　　→ 那个人对钱的问题敏感。(주어[대상]+부사어[대상]+서술어)

예문(20)~(23)을 살펴보면 한국어 문장은 '주어+부사어+서술어'의 구조를 갖고 있는데 중국어로 번역된 문장은 'N$_1$+对+N$_2$+A'의 구조를 갖고 있다.

그리고 한국어 문장의 논항 구조를 살펴보면 '부사어' 역할을 하는 문장성분이 모두 대상의 의미역을 갖고 있다. 즉 한국어로 된 2가 형용사 구문은 어떠한 대상에 대하여 다른 대상이 갖고 있는 태도를 표현하고 있다. 때문에 중국어에서는 해당되는 대상의 앞에 대상성을 확실하게 나타낼 수 있는 '对'가 필요한 것이다.

4.1.2.3 중국어의 'N$_1$+比+N$_2$+A' 구조와 대응되는 경우

한국어의 2가 형용사 구문의 '주어+부사어+서술어'의 구문을 살펴보면 중국어의 'N$_1$+比+N$_2$+A' 구문과 같은 구조를 이루는 문장을 발견할 수 있다. 예문을 통해 살펴보겠다.

(24) 실이 머리카락보다 <u>가늘다</u>. (주어[대상]+부사어[참조]+서술어) (표준)
→ 线比头发<u>细</u>。(주어[대상]+부사어[참조]+서술어)

(25) 기름은 물보다 <u>가볍다</u>. (주어[대상]+부사어[참조]+서술어) (표준)
→ 油比水<u>轻</u>。(주어[대상]+부사어[참조]+서술어)

(26) 철수 작업은 예상보다 <u>간단하다</u>. (표준)
(주어[대상]+부사어[참조]+서술어)
→ 拆除作业比预想的<u>简单</u>。(주어[대상]+부사어[참조]+서술어)

(27) 규정이 아까보다 <u>가혹하다</u>. (주어[대상]+부사어[참조]+서술어) (표준)
→ 规定比刚才的<u>残酷</u>。(주어[대상]+부사어[참조]+서술어)

예문(24)~(27)을 살펴보면 한국어의 문장에는 비교 또는 참조의 기준을 나타내는 조사 '보다'가 부사어 뒤에 붙었다. 즉 어떤 사건이 무엇보다 어떠하다는 것을 나타내고 있다. 따라서 중국어로 번역된 문장에도 비교 또는 참조의 기준을 나타내는 '比'가 문장에 나타난다.

4.1.2.4 중국어의 'N₁+与/因/像+N₂+A' 구조와 대응되는 경우

한국어 2가 형용사 구문의 '주어+부사어+서술어'의 구문을 살펴보면 중국어의 'N₁+与/因/像+N₂+A' 구문과 같은 구조를 이루는 문장을 발견할 수 있다. 예문을 통해 살펴보겠다.

  (28) 신부는 부처와 같이 <u>조용하다</u>. (표준)
      (주어[해당자]+부사어[대상]+서술어)
      → 新娘子像菩萨一样<u>安静</u>。 (주어[해당자]+부사어[대상]+서술어)
  (29) 이번 결혼 결정은 내 의사와 <u>관계없다</u>. (표준)
      (주어[대상]+부사어[참조]+서술어)
      → 这个结婚决定与我的意愿<u>无关</u>。 (주어[대상]+부사어[참조]+서술어)
  (30) 비문은 불교에 <u>관계있다</u>. (주어[해당자]+부사어[대상]+서술어) (표준)
      → 碑文与佛教<u>有关</u>。 (주어[해당자]+부사어[대상]+서술어)
  (31) 해안선이 굴곡이 없어 <u>단조롭다</u>. (표준)
      (주어[대상]+부사어[원인]+서술어)
      → 海岸线因没有曲线而显得<u>单调</u>。 (주어[대상]+부사어[원인]+서술어)

예문(28)~(31)의 문장을 살펴보면 이들은 모두 동반관계를 나타내는 조사 '와'가 부사어의 뒤에 붙었다. 하지만 예문(28)은 단순한 동반관계를 나타내는 것이 아니라 누구를 누구와 비교해 봤을 때 어떻다는 것을 나타내기 때문에 중국어 번역에서는 비유의 뜻을 나타내는 '像'이 문장에 나타났다. 이와 반면 예문(29)는 단순한 동반관계를 나타내기에 동반관계를 나타내는

'与'가 문장에 나타났다. 따라서 이 두 문장에서는 동반관계를 나타내는 '与'와 비유의 뜻을 나타내는 '像'이 N_1과 N_2 사이에 나타났다. 예문(30)에는 비록 동반관계를 나타내는 조사 '와'가 부사어 뒤에 붙지는 않았지만 이 문장 역시 무엇이 무엇과 관계된다는 것을 나타내기에 동반관계를 나타내는 '与'가 쓰인다. 끝으로 예문(31)은 '부사어'의 역할을 하는 문장성분이 원인의 의미역을 나타내기에 중국어로 번역된 문장에서는 원인의 의미를 나타내는 '因'이 문장에 나타났다.

4.1.2.5 중국어의 'N_1+A/V+N_2'와 대응되는 경우

한국어의 2가 형용사 구문의 '주어+부사어+서술어'의 구문을 살펴보면 중국어의 'N_1+A/V+N_2' 즉 '주어+서술어+목적어'의 구조를 이루는 문장을 발견할 수 있다. 예문을 통해 살펴보겠다.

(32) 술이 잔에 <u>가득하다</u>. (주어[대상]+부사어[처소]+서술어) (표준)
→ 杯子里<u>盛满了</u>酒。(주어[처소]+서술어+목적어[대상])
(33) 나는 아내에게 <u>미안했다</u>. (주어[경험자]+부사어[대상]+서술어) (표준)
→ 我<u>对不起</u>老婆。(주어[해당자]+서술어+목적어[대상])
(34) 옷차림이 학생 신분에 <u>알맞다</u>. (주어[대상]+부사어[자격]+서술어) (표준)
→ 穿着<u>适合</u>学生的身份。{주어[대상]+서술어+목적어[자격]})
(35) 담배는 건강에 <u>해롭다</u>. (주어[대상]+부사어[대상]+서술어) (표준)
→ 抽烟<u>有害</u>健康。(주어[대상]+서술어+목적어[대상])

예문(32)~(35)를 살펴보면 한국어의 경우에는 '주어+부사어+서술어'의 구조를 갖고 있지만 중국어로 번역된 문장은 'N_1+A/V+N_2' 즉 '주어+서술어

+목적어'의 구조를 갖고 있는데 여기서 N₂는 부사어의 역할을 하는 것이 아니라 목적어의 역할을 하고 있다. 그리고 예문(32)~(34)를 보면 중국어로 번역된 문장에서 서술어는 형용사가 아닌 동사이다.

4.1.2.6 중국어의 '有字句'

한국어의 2가 형용사 구문의 '주어+부사어+서술어'의 구문을 살펴보면 중국어의 '有字句' 구문과 같은 구조를 이루는 문장을 발견할 수 있다. 예문을 통해 살펴보겠다.

(35) 영희에게 좋은 일이 <u>있</u>다. (부사어[해당자]+주어[대상]+서술어) (표준)
→ 英姬<u>有</u>好事情。
(36) 분교의 학생은 다섯 명에 <u>불과하</u>다. (표준)
(주어[해당자]+부사어[범위]+서술어)
→ 分校的学生只<u>有</u>五名。
(37) 하늘에 별이 <u>촘촘하</u>다. (부사어[처소]+주어[대상]+서술어) (표준)
→ 天上<u>有</u>很多星星。

예문(35)~(37)을 살펴보면 한국어의 경우에는 '주어+부사어+서술어' 또는 '부사어+주어+서술어'의 구조를 갖고 있지만 이 문장을 중국어로 번역하면 중국어 문장에는 형용사가 나타나지 않고 그 대신 중국어의 '有字句'로 번역되고 있다.

4.1.2.7 형용사 구문으로 번역되지 않는 경우

한국어의 2가 형용사 구문의 '주어+부사어+서술어'의 구문을 살펴보면 중국어로 번역된 문장에서는 서술어가 형용사가 아니라 동사나 사자성어 혹은 기타 형식으로 나타내는 경우가 있다. 예문을 통해 살펴보겠다.

(38) 아버지는 나에게 <u>관대하다</u>. (주어[경험자]+부사어[대상]+서술어) (표준)
→ 爸爸对我<u>宽宏大量</u>。
(39) 산이 나무로 <u>빽빽하다</u>. (주어[차서]+부사어[대상]+서술어) (표준)
→ 山上<u>全是</u>树。

예문(38)~(39)를 살펴보면 한국어의 경우에는 '주어+부사어+서술어'의 구문을 갖고 있지만 중국어로 번역된 문장은 형용사가 문장에 나타나지 않고 그 대신 동사나 사자성어나 기타 형식이 문장의 서술어로 나타내고 있다. 즉 예문(38)에서는 서술어가 형용사가 아닌 사자성어이며 예문(39)에서는 '全是'라는 단어를 통해 '빽빽하다'를 표현하고 있다.

4.2 중국어 2가 형용사 구문이 한국어에서의 대응형식

중국어 2가 형용사 구문을 살펴보면 크게 'N_1+N_2+A', 'N_1+대$+N_2+A$', 'N_1+A+N_2'의 구조를 갖고 있다. 아래 이 세 구조가 한국어로 번역될 경우 어떠한 결과를 초래하게 되는지 살펴볼 것이다.

4.2.1 'N_1+N_2+A'의 대응형식

4.2.1.1 한국어의 '주어+주어+서술어'의 구조
중국어의 2가 형용사 구문의 'N_1+N_2+A'의 구문을 살펴보면 중국어에서

'주어+주어+서술어'의 구조를 가진 문장은 한국어로 번역되어도 중국어의 구조와 똑같이 이중주어문의 구문을 가지는 경우가 있다. 예문을 통해 살펴보겠다.

  (40) 他处理问题比较明智。 (주어[행위자]+주어[범위]+서술어)
   → 그는 일처리에서 똑똑하다. (주어[해당자]+주어[범위]+서술어)
  (41) 他选择的场所很适当。(주어[행위자]+주어[대상]+서술어) (용법)
   → 그가 선택한 장소는 합당하다. (주어[해당자]+주어[처소]+서술어)
  (42) 他处理问题很特殊。(주어[행위자]+주어[대상]+서술어) (용법)
   → 그는 문제 처리하는 방식이 특별하다.
   (주어[해당자]+주어[속성]+서술어)
  (43) 英姬讲话很庸俗。(주어[경험자]+주어[대상]+서술어) (용법)
   → 영희는 말하는 것이 범속하다. (주어[해당자]+주어[속성]+서술어)

 예문(40)~(43)을 살펴보면 중국어의 경우에는 모두 이중주어문의 구문인 'N_1+N_2+A' 즉 '주어+주어+서술어'의 구조를 갖고 있다. 한국어로 번역한 문장도 이중주어문의 구조를 갖고 있는데 제2명사구의 자리에 위치한 주어는 하나의 명사로 된 것이 아니라 관형격의 수식이 필요하는 명사가 제2명사구에서 '주어' 역할을 하고 있다. 왜냐하면 중국어에서도 제2명사구에 위치한 주어는 단순한 명사인 것이 아니라 '述宾结构'의 구조를 갖고 있기 때문이다. 이것을 한국어로 번역할 경우 당연히 그와 대응하는 형식을 찾아야 하기에 한국어에서는 '관형격+명사'의 형식으로 번역된다.

4.2.1.2 한국어의 '주어+부사어+서술어'의 구조

중국어의 2가 형용사 구문의 'N₁+N₂+A'의 구문을 살펴보면 중국어에서 '주어+주어+서술어'의 구조를 가진 문장은 한국어로 번역되어서 중국어와 달리 '주어+부사어+서술어'의 구문을 가지는 경우가 있다. 예문을 통해 살펴보겠다.

(44) 他处理问题太<u>草率</u>。(주어[행위자]+주어[범위]+서술어) (용법)
 → 그는 문제해결에서 너무 <u>경솔하다</u>. (주어[해당자]+부사어[범위]+서술어)

(45) 英姬办事<u>太浮</u>。(주어[행위자]+주어[범위]+서술어) (용법)
 → 영희는 일처리에서 <u>경솔하다</u>. (주어[해당자]+부사어[범위]+서술어)

(46) 马经理办事<u>很精</u>。(주어[행위자]+주어[범위]+서술어) (용법)
 → 마 사장님은 일처리에서 <u>똑똑하다</u>. (주어[해당자]+부사어[범위]+서술어)

(47) 他处理问题<u>慎重</u>。(주어[행위자]+주어[범위]+서술어) (용법)
 → 그는 문제처리에서 <u>침착하다</u>. (주어[해당자]+부사어[범위]+서술어)

예문(44)~(47)을 살펴보면 중국어로 된 문장은 모두 '주어+주어+서술어'의 구조를 갖고 있지만 한국어로 번역된 문장은 '주어+부사어+서술어'의 구조를 갖고 있다. 예문의 중국어 문장은 모두 행위자가 어떠한 범위의 일을 하는데 어떠하다는 것을 나타내고 있는데 여기에서 범위의 부분을 나타내는 것이 한국어로 번역될 경우에는 그 뒤에 조사 '에서'가 붙어서 그 사건의 범위를 나타내고 있다.

4.2.1.3 한국어의 1가 형용사와 대응되는 경우

중국어의 2가 형용사 구문의 'N₁+N₂+A'의 구문을 살펴보면 중국어에서 '주어+주어+서술어'의 구조를 가진 문장은 한국어로 번역되어서 중국어와 달리 1가 형용사 구문을 가지는 경우가 있다. 예문을 통해 살펴보겠다.

(48) 他演电影很呆板。(주어[행위자]+주어[범위]+서술어) (용법)
→ 그가 찍은 영화는 단조롭다. (주어[대상]+서술어)
(49) 衣料摸起来相当光滑。(주어[해당자]+주어[범위]+서술어) (용법)
→ 옷감이 부드럽다. (주어[대상]+서술어)
(50) 你们遇到这种事很麻烦。(주어[경험자]+주어[범위]+서술어) (용법)
→ 이런 문제에 부딪친 당신들은 번거로울 것이다. (주어[해당자]+서술어)

예문(48)~(50)을 살펴보면 중국어의 경우에는 '주어+주어+서술어'의 구조를 이루고 있지만 한국어로 번역된 문장은 2가 형용사 구문이 아닌 1가 형용사 구문을 갖고 있다. 예문(48)에서는 전체 문장의 주어가 바뀌었다. 중국어에서는 제1명사구의 주어가 '他'였지만 한국어로 번역된 문장에서는 '영화'가 주어로 되었다. 그리고 중국어에서 제1명사구의 주어가 제2명사구를 수식하는 관형격으로 되었다. 예문(49), (50)에서는 주어가 바뀌지 않았다.

4.2.1.4 한국어의 3가 형용사와 대응되는 경우

중국어의 2가 형용사 구문의 'N₁+N₂+A'의 구문을 살펴보면 중국어에서 '주어+주어+서술어'의 구조를 가진 문장은 한국어로 번역되어서 중국어와 달리 3가 형용사 구문을 가지는 경우가 있다. 예문을 통해 살펴보겠다.

(51) 他办事果断。(주어[행위자]+주어[범위]+서술어) (용법)

→ 그는 일처리에서 <u>결단력이 있다</u>.

(주어[해당자]+부사어[범위]+보어[속성]+서술어)

(52) 他干工作很要强。(주어[행위자]+주어[범위]+서술어) (용법)

→ 그는 일하는데 있어서 <u>승부욕이 강하다</u>.

(주어[해당자]+부사어[범위]+보어[속성]+서술어)

예문(51)~(52)를 살펴보면 중국어의 경우에는 2가 형용사 구문을 이루고 있지만 한국어로 번역된 문장은 2가 형용사 구문이 아닌 3가 형용사 구문이다. 즉 중국어에서는 하나의 형용사였던 것이 한국어로 번역된 문장에서는 형용사가 아닌 다른 형태를 취하고 있다. 즉 예문 (51)에서 '果断'이라는 형용사가 '결단력이 있다'로, 예문(52)에서 '要强'이라는 형용사가 '승부욕이 강하다'로 번역되면서 논항이 하나씩 더 추가되어 3가 형용사 구문을 이루게 되었다.

4.2.1.5 서술어가 형용사가 아닌 서술성 명사인 경우

중국어의 2가 형용사 구문의 'N₁+N₂+A'의 구문을 살펴보면 중국어에서 '주어+주어+서술어'의 구조를 가진 문장이 한국어로 번역되면 서술어가 형용사가 아닌 서술성 명사로 된다. 예문을 통해 살펴보겠다.

(53) 他处理同志关系很<u>霸道</u>。(주어[행위자]+주어[범위]+서술어) (용법)

→ 그는 친구 사이의 문제를 처리하는데 있어서 <u>독재적이다</u>.

(주어[해당자]+부사어[범위]+서술어)

(54) 他搞体育活动很<u>积极</u>。(주어[행위자]+주어[범위]+서술어) (용법)

→ 그는 체육활동에서 아주 <u>적극적이다</u>.

(주어[해당자]+부사어[범위]+서술어)

(55) 他待人接物<u>很假</u>。 (주어[행위자]+주어[범위]+서술어) (용법)

→ 그는 모든 일에 <u>가식적이다</u>. (주어[해당자]+부사어[범위]+서술어)

(56) 他考虑问题很<u>全面</u>。 (주어[행위자]+주어[범위]+서술어) (용법)

→ 그는 문제를 사고하는데 있어서 <u>전면적이다</u>.

(주어[해당자]+부사어[범위]+서술어)

예문(53)~(56)을 살펴보면 중국어의 경우에는 서술어의 자리에 형용사가 왔지만 한국어로 번역된 문장에서는 서술어의 자리에 형용사가 아닌 서술성 명사가 나타난다. 중국어의 문장에서는 형용사로 나타났지만 한국어로 번역될 경우 이들은 형용사로 번역되기보다 서술성 명사로 번역되는 것이 더욱 자연스럽기 때문이다.

4.2.1.6 한국어의 굳은 부사형과 대응되는 경우

중국어의 2가 형용사 구문의 'N$_1$+N$_2$+A'의 구문을 살펴보면 중국어에서 '주어+주어+서술어'의 구조를 가진 문장은 중국어에서 형용사가 서술어 역할을 하던 것이 한국어로 번역되어서는 서술어가 아닌 서술어를 수식하는 부사어 역할을 하는 경우가 있다. 예문을 통해 살펴보겠다.

(57) 他做作业很<u>粗心</u>。 (주어[행위자]+주어[범위]+서술어) (용법)

→ 그는 숙제를 <u>세심하게</u> 하지 않는다.

(58) 他办事<u>牢靠</u>。 (주어[행위자]+주어[범위]+서술어) (용법)

→ 그는 일처리를 <u>믿음직스럽게</u> 한다.

(59) 他接待客人很殷勤。(주어[행위자]+주어[대상]+서술어) (용법)
→ 그는 손님을 <u>정성스럽게</u> 모신다.

예문(57)~(59)를 살펴보면 중국어 문장에서는 서술어로 되었던 형용사가 한국어로 번역된 문장에서는 서술어가 아닌 뒤에 오는 서술어를 수식하는 부사어 역할을 하고 있다. 이것은 중국어 문장에서 제2명사구 자리에 나타나는 '주어'가 '述宾结构'의 구조를 갖고 있기에 한국어로 번역한 문장에서는 이것을 최대한 존중하기 위해 제2명사구에 나타난 '述宾结构'의 구조를 서술어로 번역하고 중국어에서 서술어의 역할을 하던 형용사를 제2명사구에 오는 '述宾结构'의 구조를 수식하는 부사어로 번역하였다.

4.2.2 'N₁+对+N₂+A'의 대응형식

4.2.2.1 한국어의 '주어+부사어+서술어'의 구조

중국어의 2가 형용사 구문의 'N₁+对+N₂+A'의 구문을 살펴보면 중국어에서 '주어+부사어+서술어'의 구조를 가진 문장이 한국어로 번역된 문장에서도 중국어의 구조와 똑같이 '주어+부사어+서술어'의 구문을 가지는 경우가 있다. 예문을 통해 살펴보겠다.

(60) 他们对敌人的罪行非常<u>愤慨</u>。(주어[행위자]+부사어[대상]+서술어) (용법)
→ 그들은 적들의 죄행에 <u>격분한다</u>. (주어[해당자]+부사어[대상]+서술어)
(61) 他对社会的认识<u>肤浅</u>。(주어[행위자]+부사어[대상]+서술어) (용법)
→ 그는 사회에 대한 인식이 <u>얕다</u>. (주어[해당자]+부사어[대상]+서술어)
(62) 他对同志很<u>厚道</u>。(주어[행위자]+부사어[대상]+서술어) (용법)

→ 그는 친구에 대해 관대하다. (주어[해당자]+부사어[대상]+서술어)
(63) 他对人和气。(주어[행위자]+부사어[대상]+서술어) (용법)
→ 그는 사람에 대해 부드럽다. (주어[해당자]+부사어[대상]+서술어)

예문(60)~(63)을 살펴보면 중국어의 경우에는 '주어+부사어+서술어'의 구조를 갖고 있다. 그리고 제1명사구와 제2명사구 사이에는 대상성을 나타내는 '对'가 있다. 한국어로 번역된 문장들을 살펴보면 중국어와 똑 같이 '주어+부사어+서술어'의 구조를 갖고 있으며 부사어 뒤에는 대상성을 나타내는 '-에 대해'가 붙는다. 중국어에서 나타내는 대상성을 한국어에서는 '-에 대해'를 통해 나타낼 수 있기 때문이다.

4.2.2.2 한국어의 '주어+주어+서술어'의 구조

중국어의 2가 형용사 구문의 'N₁+对+N₂+A'의 구문을 살펴보면 중국어에서 '주어+부사어+서술어'의 구조를 가진 문장이 한국어로 번역된 문장에서는 이중주어문 즉 '주어+주어+서술어'의 구조를 가지는 경우가 있다. 예문을 통해 살펴보겠다.

(64) 他们对工作极端负责。(주어[행위자]+부사어[대상]+서술어) (용법)
→ 그들은 일에 대한 책임감이 강하다. (주어[해당자]+주어[대상]+서술어)
(65) 孩子对什么都好奇。(주어[행위자]+부사어[대상]+서술어) (용법)
→ 애들은 모든 일이 신기하다. (주어[해당자]+주어[범위]+서술어)
(66) 英姬对他的评价很恰当。(주어[행위자]+부사어[대상]+서술어) (용법)
→ 영희가 그에 대한 평가가 합당하다. (주어[해당자]+주어[대상]+서술어)
(67) 他对问题的分析很透彻。(주어[행위자]+부사어[대상]+서술어) (용법)

→ 그는 문제에 대한 분석이 <u>투철하다</u>. {주어[해당자]+주어[대상]+서술어)

예문(64)~(67)을 살펴보면 중국어는 '주어+부사어+서술어'의 구조를 갖고 있지만 한국어의 경우에는 '주어+주어+서술어'인 이중주어문 구조를 갖고 있다. 비록 중국어에서는 대상성을 나타내는 '对'가 문장에 나타났지만 한국어의 경우에는 '-에 대해'를 사용하지 않고 이중주어문으로도 사건에 대한 무엇이 어떠하다는 것을 나타낼 수 있기에 중국어에서 대상성을 나타내는 문장이 한국어에서는 이중주어문으로 번역될 수 있다.

4.2.2.3 한국어의 3가 형용사 구문과 대응되는 경우

중국어의 2가 형용사 구문의 'N₁+对+N₂+A'의 구문을 살펴보면 중국어에서 '주어+부사어+서술어'의 구조를 가진 문장이 한국어로 번역된 문장에서는 3가 형용사 구문인 경우가 있다. 예문을 통해 살펴보겠다.

(68) 他对人很<u>诚恳</u>。(주어[행위자]+부사어[대상]+서술어) (용법)
　　→ 그는 사람을 <u>진심으로 대한다</u>.
　　(주어[해당자]+목적어[대상]+부사어[속성]+서술어)

(69) 他对自己分管的工作特别<u>精心</u>。(용법)
　　(주어[행위자]+부사어[대상]+서술어)
　　→ 그는 자가가 맡은 일에 대해 <u>정성을 다한다</u>.
　　(주어[해당자]+부사어[대상]+목적어[속성]+서술어)

(70) 他对少数民族的服装有很浓厚的<u>兴趣</u>。(용법)
　　(주어[행위자]+부사어[대상]+서술어)
　　→ 그는 소수민족의 복장에 대해 깊은 <u>홍취를 갖고 있다</u>.

(주어[해당자]+부사어[대상]+목적어[속성]+서술어)

예문(68)~(70)을 살펴보면 중국어에서는 2가 형용사 구문이었던 것이 한국어로 번역되어서는 2가 형용사 구문이 아닌 3가 형용사 구문을 이루고 있다. 뿐만 아니라 중국어에서는 서술어가 형용사였지만 한국어로 번역된 문장에서는 서술어가 형용사가 아닌 동사이다. 이것은 중국어 문장에서 형용사 역할을 했던 '诚恳, 精心, 有兴趣'가 한국어에서는 형용사가 아닌 '진심으로 대하다, 정성을 다하다, 흥취를 갖고 있다'로 번역되었기에 서술어가 동사로 바뀌었으며 따라서 논항도 한 개씩 늘어났다.

4.2.2.4 서술어가 형용사가 아닌 서술성 명사인 경우

중국어의 2가 형용사 구문의 'N₁+对+N₂+A'의 구문을 살펴보면 중국어에서 '주어+부사어+서술어'의 구조를 가진 문장이 서술어를 형용사로 실현하고 있지만 한국어로 번역된 문장에서는 서술어가 형용사가 아닌 서술성 명사로 실현되고 있다. 예문을 통해 살펴보겠다.

(71) 小王对家人很<u>粗野</u>。 (주어[행위자]+부사어[대상]+서술어) (용법)
 → 왕 씨는 가족에 대해 <u>야만적이다</u>. (주어[해당자]+부사어[대상]+서술어)

(72) 黎明对自己的前途很<u>乐观</u>。 (주어[경험자]+부사어[대상]+서술어) (용법)
 → 여명은 자신의 앞날에 대해 <u>낙천적이다</u>.

예문(71)~(72)를 살펴보면 중국어 문장에서는 서술어가 형용사인 반면 한국어로 번역된 문장에서는 서술어가 형용사가 아닌 서술성 명사이다. 비록 중국어 문장에서는 모두 형용사이지만 한국어로 번역된 문장에서는 형용사가 아닌 서술성 명사로 번역할 경우도 있다.

4.2.3 'N₁+A+N₂'의 대응형식

4.2.3.1 한국어의 '주어+부사어+서술어'의 구조

중국어의 2가 형용사 구문의 'N₁+A+N₂'의 구문을 살펴보면 중국어에서 '주어+서술어+목적어'의 구조를 가진 문장이 한국어로 번역된 문장에서는 '주어+부사어+서술어'의 구문을 가지는 경우가 있다. 예문을 통해 살펴보겠다.

(73) 他忠诚于教育事业。(주어[행위자]+서술어+목적어[대상]) (용법)
　　→ 그는 교육 사업에 충성한다. (주어[해당자]+부사어[대상]+서술어)

(74) 这种做法有利于改革。(주어[대상]+서술어+목적어[대상]) (용법)
　　→ 이 방법은 개혁에 유리하다. (주어[대상]+부사어[대상]+서술어)

(75) 吸毒有害于身体。(주어[대상]+서술어+목적어[대상]) (용법)
　　→ 흡연은 몸에 나쁘다. (주어[대상]+부사어[대상]+서술어)

예문(73)~(75)를 살펴보면 중국어의 문장에서는 '주어+서술어+목적어'의 구조를 갖고 있지만 한국어에서는 '주어+부사어+서술어'의 구조를 갖고 있다. 그것은 중국어는 'SVO'언어이기에 서술어가 앞에 나타날 수 있지만 한국어는 'SOV'언어이기에 서술어가 항상 문장의 맨 끝에 와야 한다. 따라서 중국어에서는 '주어+서술어+목적어'의 구조를 가질 수 있지만 한국어에서는 서술어가 문장의 맨 끝에 간 '주어+부사어+서술어'의 구조를 가져야 한다.

4.2.3.2 서술어가 동사인 경우

중국어의 2가 형용사 구문의 'N₁+A+N₂'의 구문을 살펴보면 중국어에서 '주어+서술어+목적어'의 구조를 가진 문장이 한국어로 번역된 문장에서는 서술어가 형용사가 아닌 동사인 경우가 있다. 예문을 통해 살펴보겠다.

(76) 体重轻了几斤。 (주어[속성]+서술어+목적어[결과]) (용법)
→ 몸무게가 몇 키로 내려갔다. (주어[속성]+주어[결과]+서술어)

예문(76)을 살펴보면 중국어에서는 '轻'이라는 형용사를 사용하였지만 한국어로 번역된 문장에서는 형용사가 아닌 동사 '내려가다'를 사용하였다. 이것은 한국어에서는 몸무게에 대해서는 '내려가다'라는 단어를 사용하지만 '약하다, 마르다'라는 단어는 한 사람의 몸매에 대해 평가할 때 사용하기 때문에 위의 예문에서 몸무게에 대해 말할 때는 동사인 "내려가다"를 사용해야 하기 때문에 한국어로 번역된 문장에서는 형용사를 사용한 것이 아니라 동사인 '내려가다'를 사용하였다.

4.2.3.3 한국어의 이중주어문과 대응되는 경우

중국어의 2가 형용사 구문의 'N₁+A+N₂'의 구문을 살펴보면 중국어에서 '주어+서술어+목적어'의 구조를 가진 문장이 한국어로 번역된 문장에서는 이중주어문이 되는 경우가 있다. 예문을 통해 살펴보겠다.

(77) 他倔了一辈子。 (주어[해당자]+서술어+목적어[결과]) (용법)
→ 그는 한 평생 고집이 세다. (주어[해당자]+주어[속성]+서술어)

예문(77)을 살펴보면 중국어의 문장은 '주어+서술어+목적어'의 구조를 갖고 있지만 한국어로 번역된 문장은 이중주어문 구조를 갖고 있다. 이것은 중국어에서 서술어 역할을 하는 형용사 '倔'가 한국어로 번역될 경우에는 형용사가 아닌 '고집이 세다'로 번역이 되고 중국어에서 '목적어' 역할을 하던 '一辈子'가 '倔'를 수식하는 성분으로 번역되었다. 따라서 한국어로 번역된 문장은 중국어와 서로 다른 구조를 가진 이중주어문 구문이 되었다.

결론

언어에 대한 대조연구는 대조에만 신경을 써야 할 뿐만 아니라 대조되는 두 언어의 본체연구에도 그만큼 신경을 써야 훌륭한 대조연구를 진행할 수 있다. 즉 대조하려는 두 언어의 언어적 특징을 명확하게 분석한 다음 둘 사이의 공통점과 차이점을 찾아야 한다.

지금까지 우리는 결합가의 성질, 필수적 보족어, 수의적 보족어 및 첨가어 사이의 변별문제, 그리고 결합가 수량의 확정에 대한 논의를 바탕으로 한국어와 중국어 2가 형용사 구문의 통사적 특징과 의미적 특징에 대해 살펴보았다. 이를 기초로 하여 한국어 2가 형용사 구문과 중국어 2가 형용사 구문의 대응형식에 대해 살펴보았다. 이 책의 내용을 정리하면 아래와 같다.

1. 결합가 이론에서 존재하는 몇 가지 논쟁

우선 결합가의 성질 면에서 이 책은 여러 학자들의 의견을 종합하고 분석한 결과 결합가를 통사·의미적인 것으로 인정하였다. 다음 필수적 보족어,

수의적 보족어 및 첨가어의 변별기준에서 필수적 보족어와 수의적 보족어의 변별기준은 삭제실험으로 결정하였다. 즉 문장에서 생략하여 문법적으로 부적격하지 않은 것은 수의적 보족어이고 생략하여 문법적으로 부적격한 것은 필수적 보족어인 것이다. 그리고 수의적 보족어와 첨가어의 변별기준은 함축성 실험으로 결정하였다. 즉 '되찾기'원칙에 따라 수의적 보족어는 함축성분이기에 되찾을 수 있고 첨가어는 함축성분이 아니기에 되찾을 수 없다.

2. 한국어와 중국어의 2가 형용사 구문의 통사적 구조

우선 한국어와 중국어의 2가 형용사 구문의 통사적 구조는 크게 두 가지로 나눌 수 있는데 첫 번째는 이중주어문구조이고 두 번째는 '주어+부사어+서술어'의 구조이다. 이런 통사적 구조의 기초 아래에 한국어와 중국어의 기본문형에 대해 살펴보았는데 한국어는 워낙 조사 체계가 발달하여서 부사어 뒤에 붙는 조사가 다양하기에 모두 8개의 구체적 문형을 갖고 있지만 중국어는 어순에 따라 문장의 의미가 표현되기에 3개의 구체적 문형만 갖고 있었다.

3. 한중 2가 형용사 필수 논항의 의미역과 논항 구조

제3장에서는 앞장의 통사적 구조에 대한 연구를 기초로 하여 한국어와 중국어 2가 형용사 구문에서 주어와 부사어의 의미역과 2가 형용사 구문의 논항 구조에 대해 살펴보았다. 우선 주어와 부사어의 의미역을 살펴본 결과

주어의 의미역에는 '경험자, 행위자, 해당자, 대상, 처소, 참조, 기점, 범위, 속성, 결과'가 있으며 부사어의 의미역에는 '대상, 참조, 경험자, 처소, 원인, 범위, 도구, 자격, 착점'이 있었다. 그리고 논항 구조에 대한 연구를 살펴보면 한국어와 중국어의 2가 형용사 구문이 공동으로 취하고 있는 논항 구조는 5개가 있으며 한국어만 취하는 논항 구조는 10개, 중국어만 취하는 논항 구조는 5개가 있다. 이것을 도표로 제시하면 아래와 같다.

표 1: 한국어와 중국어의 2가 형용사 논항 구조

2가 형용사 구문	한국어와 중국어가 공동으로 취하는 논항 구조	경험자+속성
		경험자+대상
		해당자+대상
		해당자+범위
		기점+착점
	한국어만 취하는 논항 구조	해당자+속성
		대상+대상
		대상+처소
		대상+속성
		대상+원인
		대상+도구
		대상+자격
		대상+참조
		처소+참조
		원인+속성
	중국어만 취하는 논항 구조	행위자+범위
		행위자+대상
		경험자+범위
		해당자+결과
		속성+결과

4. 한국어 2가 형용사 구문과 중국어 2가 형용사 구문의 대응형식

끝으로 한국어 2가 형용사 구문과 중국어 2가 형용사 구문의 대응형식을 살펴보았다. 한국어 2가 형용사가 중국어에서의 대응형식을 살펴보면 중국어와 같은 형식을 취하는 것이 있는가 하면 제1명사구의 주어가 관형격 형식으로 대응되고 형용사 구문으로 번역되지 않는 경우, 그리고 중국어의 '有字句'로 번역되는 경우 등이 있었다. 이것을 도표로 자세히 제시하면 아래와 같다.

표 2: 한국어 2가 형용사 구문이 중국어에서의 대응형식

한국어 2가 형용사 구문	이중주어문의 대응형식	N_1+N_2+A ('주어+주어+서술어' 구조)
		N_1+对+N_2+A ('주어+부사어+서술어'의 구조)
		N_1+A/V+N_2 ('주어+서술어+목적어'의 구조)
		N_1+觉得/因+N_2+A ('주어+부사어+서술어'의 구조)
		첫 번째 주어가 관형격 형식을 취함 ('N_1的N_2+A')
		서술어가 형용사가 아닌 사자성어인 경우
	'주어+부사어+서술어' 구조의 대응형식	N_1+N_2+A ('주어+부사어+서술어' 구조)
		N_1+对+N_2+A ('주어+부사어+서술어' 구조)
		N_1+比+N_2+A ('주어+부사어+서술어' 구조)
		N_1+与/因+像+N_2+A ('주어+부사어+서술어' 구조)
		N_1+A/V+N_2 ('주어+서술어+목적어'의 구조)
		중국어의 '有字句'
		형용사 구문으로 번역되지 않는 경우

중국어 2가 형용사가 한국어에서의 대응형식을 살펴보면 한국어의 이중주어문과 대응되는 경우, 그리고 서술어가 형용사가 아닌 서술성 명사로

되는 경우 그리고 중국어의 2가 형용사 구문이 한국어의 1가 형용사 또는 3가 형용사로 번역되는 경우, 그리고 중국어의 서술어가 한국어에서 서술어가 아닌 부사어로 번역되는 경우가 있었다. 이것을 도표로 자세히 제시하면 아래와 같다.

표 3: 중국어 2가 형용사 구문이 한국어에서의 대응형식

중국어 2가 형용사 구문	이중주어문 '주어+주어+서술어' 구조의 대응형식	한국어의 '주어+주어+서술어'의 구조
		한국어의 '주어+부사어+서술어'의 구조
		한국어의 1가 형용사 구문과 대응되는 경우
		한국어의 3가 형용사 구문과 대응되는 경우
		서술어가 형용사가 아닌 서술성 명사인 경우
		한국어의 굳은 부사형과 대응되는 경우
	'N1+对+N2+A'의 대응형식	한국어의 '주어+부사어+서술어'의 구조
		한국어의 '주어+주어+서술어'의 구조
		한국어의 3가 형용사 구문과 대응되는 경우
		서술어가 형용사가 아닌 서술성 명사인 경우
	'N1+A+N2'의 대응형식	한국어의 '주어+부사어+서술어'의 구조
		한국어의 '주어+주어+서술어'의 구조
		서술어가 형용사가 아닌 동사인 경우

하지만 아직은 이론에 대한 파악이 전면적이지 못하고 자료에 대한 수집이 충분하지 못한 원인으로 이 책은 한국어와 중국어의 2가 형용사 구문에 대해 구체적으로 연구하지 못하였다. 특히 일부 학자들이 주장하고 있는 결합가의 화용론적 측면에 대한 연구를 진행하지 못하였다. 그리고 한국어와 중국어의 2가 형용사 구문의 대응형식에 대한 연구에서도 많은 부족점을 갖고 있다. 이러한 문제점은 향후에도 본 연구자가 더욱 보완하고 수정하는 과제로 남겨두고 여기에서 마친다.

참고문헌

1. 사전

국립국어원, ≪표준국어대사전≫[M], 두산동아, 1999

郑怀德, 孟庆海, ≪形容词用法词典≫[M], 湖南人民出版社, 1991.

2. 저서

<한국어>

강은국, ≪조선어 문형 연구≫[M], 서광 학술 자료사, 1993.

김귀화, ≪국어의 격 연구≫[M], 한국문화사, 1994.

김이천, ≪독, 한 동사의 통사적 결합가 대조분석≫[M], 한국외국어대학교, 2006.

김정남, ≪한국어 형용사의 연구≫[M], 역락, 2005.

남기심, ≪현대국어 통사론≫[M], 태학사, 2001.

남승호, ≪한국어 술어의 사건 구조와 논항 구조≫[M], 서울대학교출판부, 2008.

남용우, 임선호외 역, Fillmore,c, The Case for Case, 격문법이란 무엇인가[M], 을유문화사, 1986.

남지순, ≪한국어 형용사 어휘문법≫[M], 한국문화사, 2007.

이남순, ≪격과 격표지≫[M], 월인, 1998.

이점출, 이성수, ≪결합가 이론과 격이론 개론≫[M], 한국문화사, 2006.

이정민, ≪논항구조의 형태 및 통사구조의 관계, 의미구조의 표상과 실현≫[M], 소화출판사, 2000.

우형식, 정유진, ≪격과 결합가 그리고 전산언어학≫[M], 한국문화사, 1998.

유현경, ≪한국어 형용사 연구≫[M], 한국 문화사, 1998.

필옥덕, ≪현대 한국어 동사 의미결합관계 연구≫[M], 역락출판사, 2004.

<중국어>

崔　健, ≪朝汉范畴表达对比≫[M], 中国大百科全书出版社, 2002.
崔奉春, ≪韩汉语词汇对比≫[M], 延边大学出版社, 2005.
陈昌来, ≪现代汉语三维语法论≫[M], 学林出版社, 2005.
丁声树, ≪现代汉语语法讲话≫[M], 商务印书馆, 1961.
范　晓, ≪动词的"价"分类≫[M], 语文出版社, 1991.
金基石, ≪韩汉词汇对比讲义≫[M], 延边大学汉语言文化学院, 2001.
金基石, ≪朝鲜韵书与明清音系≫[M], 黑龙江朝鲜民族出版社, 2003.
黎锦熙, ≪比较文法≫[M], 科学出版社, 1957.
吕叔湘, ≪汉语语法分析问题≫[M], 商务印书馆, 1979.
陆俭明, ≪现代汉语语法研究教程≫[M], 北京大学出版社, 2005.
陆俭明、沈阳, ≪汉语和汉语研究十五讲≫[M], 北京大学出版社, 2004.
吕叔湘, ≪汉语语法论文集≫[M], 科学出版社, 1956.
沈阳、郑定欧, ≪现代汉语配价语法研究≫(1) [A], 北京大学出版社, 1995.
张国宪, ≪现代汉语形容词功能与认知研究≫[M], 商务印书馆, 2006.
特思尼耶尔著. 胡明扬, 方德义翻译、选评, 结构句法基础[A], 胡明扬、西方语言学名著选读[M], 中国人民大学出版社, 1983.
文炼、袁杰, ≪谈谈动词的"向"≫[M], 华东师范大学出版社, 1990.
许余龙, ≪对比语言学≫第二版[M], 上海外语教育出版社, 2010.
袁毓林, ≪汉语动词的配价研究≫[M], 语文出版社, 2000.
袁毓林、郭锐, ≪现代汉语配价语法研究≫(2) [A], 北京大学出版社, 1998.
朱德熙, ≪现代汉语语法研究≫[M], 商务印书馆, 1980.

3. 논문

<한국어>

강병창, 결합가와 정보구조[J], ≪독어학≫5, 2003.
김건희, 심리 형용사 연구 – 논항 교체 유형들의 어휘 의미 구조를 중심으로[J], ≪언어학≫37, 2003.
김경옥, 텍스트 종류, '일기예보'에 결부된 동사 결합가[J], ≪독일언어문학≫34, 2006.
김기영, 퍼스의 관계논리와 결합가[J], ≪독어문학≫99, 2006.
김영희, 보족어와 격표시[J], ≪한글≫244, 1999.

김이천, 독·한 착용동사 결합가 대조연구[J], ≪독일언어문학≫31, 2006.
김일웅, 풀이말의 결합가와 격[J], ≪한글≫186, 1984.
김일웅, 우리말 격 설정의 한 가능성[A], ≪새결 박태권 선생 회갑 기념 논총≫, 1984.
고광주, 국어의 논항구조와 국어사적 의미[A], ≪한국어문교육≫7, 고려대 국어교육학회, 1994.
민경숙, 결합가이론에 의한 교과서내 문형연구[J], ≪어문학논의≫12, 1993.
박철우, 남승호, 형용사 논항 의미분류 표준화를 위한 기초 연구-"크다, 작다, 많다, 적다"를 중심으로[J], ≪언어학≫38, 2004.
오문의, 현대중국어 형용사와 논항[J], ≪중국언어연구≫12, 1993.
이병찬, 보족어와 첨가어 설정의 문제점[J], ≪독일문학≫34, 1984.
이점출, 결합가 이론의 연구 동향[J], ≪인문학연구≫23, 1995.
이점출, 보충어와 첨가어[J], ≪독일문학≫84, 2002.
이점출, 결합가 사상의 역사[J], ≪언어과학연구≫26, 2003.
이점출, 결합가와 사전정보[J], ≪독어문학≫89, 2004.
이점출, 목적격 서술어와 결합가[J], ≪독어문학≫100, 2006.
이재성, 논항과 필수 논항에 대하여[J], ≪연세어문학≫30~31, 1999.
임홍빈, 주격중출론을 찾아서[J], ≪문법연구≫1, 1974.
우형식, 동사의 결합가 기술에 대한 방법론적 접근[A], ≪한글≫1, 1994.
원진숙, 서술어의 결합가를 중심으로 한 한국어 문형 분류[J], ≪어문논집≫1, 1993.
왕 단, 한·중 형용사 대비 연구 - 형태, 통사적 특성을 중심으로[J], ≪국어국문학회≫139, 2005.
전지은, 최재웅, 한국어 형용사 유형 분류와 격틀집합[J], ≪한국어 의미학≫25, 2008.
조경순, 국어 세 자리 서술어의 의미구조 고찰[J], ≪한국어 의미학≫13, 2003.
조경순, 논항 구조를 활용한 한국어 기본 문형 구조 연구[J], ≪한국어문학≫61, 2007.
지광신, 독일어와 한국어 동사의 화용론적 결합가의 비교연구[J], ≪한국독어독문학회≫3, 2001.
최웅환, 국어의 결합가 기술[J], ≪어문학≫59, 1996.
필옥덕, 논항구조와 한국어동사 분류에 대한 연구[J], ≪중국조선어문≫3, 2001.

<중국어>
奧田寬, 论现代汉语形容词的强制性联系和非强制性联系[J], ≪南开学报≫, 第三期, 1982.

陈　平, 试论汉语中三种句子成分与语义成分的配位原则[J], ≪中国于文明≫, 第三期, 1994.

陈昌来, 汉语处所价语的初步考察[J], ≪语言教学与研究≫, 第三期, 1997.

范　晓, 动词的配价与句子的生成[J], ≪汉语学习≫, 第一期, 1996.

范　晓, 动词的配价与汉语的把字句[J], ≪中国语文≫, 第四期, 2001.

冯志伟, 特思尼耶尔的从属关系语法[J], ≪国外语言学≫, 第一期, 1983.

高明阳, 现代汉语配价语法研究概观[J], ≪鸡西大学学报≫, 第四期, 2008.

顾　阳, 论元结构理论介绍[J], ≪国外语言学≫, 第一期, 1994.

韩万衡, 配价论的基本概念与研究方法[N], , ≪天津外国语学院学报≫, 创刊号, 1993.

何文忠, 动词、形容词的句法配价[N], ≪益阳师专学报≫, 第三期, 1997.

金基石, 关于语言的相对"论证性"-兼论汉语词的可论证性, ≪汉语学习≫, 第二期, 1989.

金立鑫, 动词的语义域及其价语的推导-配价研究的一项基础理论研究[A], ≪第五届国际汉语教学讨论会论文选≫, 1996.

金立鑫, 关于配价研究的定位问题[J], ≪汉语学习≫, 第四期, 1996.

李临定(1990), 动词分类研究说略, ≪中国语文≫, 第四期.

梁文勤, 配价理论与汉语语序研究[N], ≪新余高专学报≫, 第一期, 2010.

陆俭明, 配价语法理论和对外汉语教学[J], ≪世界汉语教学≫, 第二期, 1997.

吕叔湘, 从主语宾语的分别谈国语句子的分析[A], ≪开明书店20周年纪念文集≫, 1946.

吕叔湘, 配价语法理论和对外汉语教学, ≪世界汉语教学≫, 1999(1)

刘丹青, 形名同现及形容词的向[N], ≪南京师大学报≫, 第三期, 1987.

刘　顺, 双价形容词及相关问题[N], ≪绥化师专学报≫, 第一期, 1999.

刘晶晶, 汉语配价语法理论研究综述[J], ≪安徽文学≫, 第二期, 2009.

蔺　璜, 动词"向"研究综述[N], ≪山西大学学报≫, 第一期, 1992.

马庆株, 动词的直接配价和间接配价[A],≪现代汉语配价研究≫2, 1998.

邵敬敏, "语义价"、"句法价"及其相互关系[A], ≪现代汉语配价语法研究≫2, 1998.

沈　阳, 动词的句位和句位变体结构中的空语类[J], ≪中国语文≫, 第二期, 1994.

沈家煊, 形容词句法功能的标记模式[J], ≪中国语文≫, 第四期, 1997.

沈家煊, 句式和配价[J], ≪中国语文≫, 第四期, 2000.

谭景春, 双向和多指形容词即相关的句法关系[J], ≪中国语文≫, 第二期, 1992.

文　炼, 词语之间的搭配关系[J], ≪中国语文≫, 第一期, 1982.

文　炼, 交际功能、句法功能和认知功能[J], ≪语文学习≫, 第四期, 1988.

吴为章, 单向动词及其句型[J], ≪中国语文≫, 第五期, 1982.

吴为章, 双向动词及其分类[C], ≪中国语言学会第二届学术年会论文≫, 1983.
吴为章, "成为"类复合动词探讨[J], ≪中国语文≫, 第四期, 1985.
吴为章, "X得"及其句型-兼谈动词的"向"[J], ≪中国语文≫, 第三期, 1987.
吴为章, 动词的"向"札记[J], ≪中国语文≫, 第三期, 1993.
吴为章, 汉语动词配价研究述评[N], ≪三明大学学报≫, 第二期, 1996.
徐烈炯、沈阳, 题元理论与汉语配价问题[J], ≪当代语言学≫, 第三期, 1998.
杨　宁, 语法配价、参与者、价及介词性价值[J], ≪语文研究≫, 第三期, 1996.
袁毓林, 现代汉语名词的配价研究[J], ≪中国社会科学≫, 第三期, 1992.
袁毓林, 一价名词的认知研究[J], ≪中国语文≫, 第四期, 1994.
袁毓林, 现代汉语形容词的体及其形态化历程[J], ≪中国语文≫, 第六期, 1998.
袁毓林, 论元角色的层级关系和语义特征[J], ≪世界汉语教学≫, 第三期, 2002.
詹卫东, 基于配价的汉语语义词典[J], ≪语言文字应用≫, 第一期, 2000.
詹卫东, 论元结构与句式变换[J], ≪中国语文≫, 第三期, 2004.
詹卫东, 汉语述结式论元结构分析[J], ≪中国语文≫, 第三期, 2004.
张　伟, 汉语语法研究中的热点问题-配价语法研究新动态[J], ≪语言理论研究≫, 第一期, 2009.
张伯江, 名词的指称性质对动词配价的影响[A], ≪现代汉语配价语法研究≫2, 1998.
张国宪, 有关汉语配价的几个理论问题[J], ≪汉语学习≫, 第四期, 1994.
张国宪, 论单价形容词[J], ≪语言研究≫, 第一期, 1995a.
张国宪, 双价形容词对语义结构的选择[J], ≪汉语学习≫, 第四期, 1995b.
张国宪, 略论句法位置对同现关系的制约[J], ≪汉语学习≫, 第一期, 1998.
张国宪, 三价形容词的配价分析与方法思考[J], ≪世界汉语教学≫, 第一期, 2002.
张国宪, 形容词下位范畴的语义特征镜像[N], ≪汉语学报≫, 第二期, 2007.
张烈材, 特斯尼埃的<从属关系语法导论>[J], ≪国外语言学≫, 第三期, 1985.
郑定欧, 现代汉语配价语法研究[J], ≪中国语文≫, 第五期, 1995.
周国光, 配价语法略论[J], ≪汉语学习≫, 第四期, 1994.
周国光, 现代汉语形容词配价研究述评[J], ≪汉语学习≫, 第二期, 1995.
周国光, 确定配价的原则与方法[A], ≪现代汉语配价语法研究≫1, 1995.
周国光、张国宪, 汉语的配价语法理论研究[J], ≪语文建设≫, 第九期, 1994.
朱德熙, 现代汉语形容词研究[J], ≪语言研究≫, 第一期, 1956.
朱德熙, "的"字结构和判断句[J], ≪中国语文≫, 第一、二期, 1978.
朱景松, 与工具成分有关的几种句法格式[A], ≪安徽师大学报≫, 第三期, 1992.

朱小雪, Gerhard Helbig的价语法理论及其实用语法模式[A], ≪国外语言学≫, 第一期, 1989.

4. 학위논문
<한국어>

강민정, 한국에서 의존문법의 Daf수업 적용가능성: 동상의 결합가 중심으로, 경상대학교 석사학위논문.

김현정(1996), 학습자 사전용 문형 설정에 대한 연구: 동사의 결합가 구조를 중심으로, 울산대학교 석사학위논문.

김세중, 국어 심리술어의 어휘의미구조[D], 서울대학교 박사학위논문, 1994.

김원정, 한국어 격 정보와 자질 연산 문법[D], 고려대학교 박사학위논문, 2000.

문유미, 현대중국어 형용사 결합가 연구[D], 연세대학교석사논문, 2007.

박아름, 결합가이론을 통한 고등학교 중국어 교과서의 문형 분석[D], 한국외국어대학교 석사학위논문, 2010.

박진호, 통사적 결합 관계와 논항 구조[D], 서울대학교 박사학위논문, 1994.

유나영, 독일어 명사화 구조의 번연연구: 독한 결합가 비교를 중심으로[D], 연세대학교 석사논문, 2001.

유현경, 한국어 형용사 연구[D], 연세대학교 박사학위논문, 1997.

최재호, 결합가 이론의 교수법적 접근에 관한 연구: 격 이론과의 관계를 중심으로[D], 중앙대학교 석사학위논문, 1994.

<중국어>

邱　天, 现代汉语双价形容词研究[D], 东北师范大学硕士学位论文, 2006.

杨　宁, 三价动词及其句型[D], 复旦大学硕士学位论文, 1986.

부록

1) 한국어 2가 형용사

1. 가깝다: 우리 집은 학교에서 가깝다. (주어[기점]+부사어[착점]+서술어) N_1은 N_2에서 A / 我们家离学校近。
2. 가늘다: 실이 머리카락보다 가늘다. (주어[대상]+부사어[참조]+서술어) N_1이 N_2보다 A / 线比头发细。
3. 가능하다: 전 세계 사람들과 정보교환이 가능하다. (부사어[대상]+주어[대상]+서술어) N_1과 N_2이 A / 可以和全世界的人进行信息交流。
4. 가득하다: 술이 잔에 가득하다. (주어[대상]+부사어[처소]+서술어) N_1이 N_2에 A / 杯子里盛满了酒。
5. 가볍다: 기름은 물보다 가볍다. (주어[대상]+부사어[참조]+서술어) N_1은 N_2보다 A / 油比水轻。
6. 가혹하다: 규서는 아까보다 가혹하다. (주어[대상]+부사어[참조]+서술어) N_1는 N_2보다 A / 规定比之前的残酷。
7. 간단하다: 철수 작업은 예상보다 간단하다. (주어[대상]+부사어[참조]+서술어) N_1은 N_2보다 A / 拆除作业比预想的简单。
8. 간지럽다: 부드러운 바람에 살갗이 간지럽다. (부사어[대상]+주어[대상]+서술어) N_1에 N_2이 A / 脸颊因威风而感到痒痒的。
9. 간편하다: 이 제품은 위생적이며 사용이 간편하다. (주어[대상]+주어[속성]+서술어) N_1은 N_2이 A / 这个产品的使用简单。
10. 감감하다: 분통이는 자신의 앞길이 감감하다. (주어[경험자]+주어[대상]+서술어) N_1은 N_2이 A / 粉红觉得自己的前途渺茫。

11. 강하다: 우리 가족은 결속력이 강하다. (주어[해당자]+주어[속성]+서술어) N_1은 N_2이 A / 我们家的凝聚力强。

12. 같다: 내 나이는 그의 나이와 같다. (주어[대상]+부사어[참조]+서술어) N_1은 N_2와 A / 我的年龄与他相同。

13. 거북하다: 나는 입장이 거북하다. (주어[경험자]+주어[속성]+서술어) N_1은 N_2이 A / 我的立场尴尬。

14. 거세다: 누나는 성격이 거세다. (주어[해당자]+주어[속성]+서술어) N_1은 N_2이 A / 姐姐的性格坚强。

15. 걸다: 그 일꾼은 손이 걸다. (주어[해당자]+주어[속성]+서술어) N_1은 N_2이 A / 他的手艺粗糙。

16. 걸맞다: 그 사내의 목소리는 외모와 걸맞다. (주어[대상]+부사어[참조]+서술어) N_1은 N_2와 A / 那个男孩的声音和外貌很般配。

17. 검다: 그 남자는 속이 검다. (주어[해당자]+주어[속성]+서술어) N_1은 N_2이 A / 那个男孩子的心黑。

18. 고요하다: 신부는 부처와 같이 고요하다. (주어[해당자]+부사어[대상]+서술어) N_1은 N_2와 같이 A / 新娘像菩萨一样安静。

19. 고지식하다: 은사님은 성품이 고지식하다. (주어[해당자]+주어[속성]+서술어) N_1은 N_2이 A / 老师的性格很耿直。

20. 곤란하다: 우리 집은 생활이 곤란하다. (주어[해당자]+주어[속성]+서술어) N_1은 N_2이 A / 我们家的生活困难。

21. 관계없다: 이번 결혼 결정은 내 의사와 관계없다. (주어[대상]+부사어[참조]+서술어) N_1은 N_2와 A / 这个结婚决定和我的意愿无关。

22. 관계있다: 비문은 불교에 관계있다. (주어[대]+부사어[대상]+서술어) N_1은 N_2에 A / 碑文与佛教有关。

23. 관대하다: 아버지는 나에게 관대하다. (주어[해당]+부사어[대상]+서술어) N_1은 N_2에게 A / 爸爸对我宽宏大量。

24. 괴롭다: 거짓말을 하려니 마음이 괴로웠다. (부사어[원인]+주어[속성]+서술어) / 说谎心理很难受。

25. 굽다: 할머니는 허리가 굽으셨다. (주어[경험자]+주어[속성]+서술어) N_1은 N_2가/이 A / 奶奶的腰很弯。

26. 궁금하다: 나는 바깥소식이 궁금하다. (주어[경험자]+주어[대상]+서술어) N_1은 N_2

가/이 A / 我对外面世界很感兴趣。/ 我挂念外面世界。

27. 귀엽다: 나는 아기의 우는 모습조차/도 귀여웠다. (주어[경험자]+부사어[대상]+서술어) N₁은 N₂조차/도 A / 我觉得小孩子笑的样子也很可爱。

28. 기막히다: 나는 그의 제안이 기막히다. (주어[경험자]+주어[대상]+서술어) N₁은 N₂이 A / 我对他的提案无话可说。

29. 긴밀하다: 둘 사이는 친형제처럼 긴밀하다. (주어[해당자]+부사어[참조]+서술어) N₁은 N₂처럼 A / 两个人像亲兄弟一样亲。

30. 낮다: 이 구두는 굽이 낮다. (주어[해당자]+주어[속성]+서술어) N₁은 N₂이 A / 这个鞋子的根很矮。

31. 다르다: 나는 너와 다르다. (주어[경험자]+부사어[동반자]+서술어) N₁은 N₂와 A / 我和你不一样。

32. 다름없다: 이 물건은 진짜와 다름없다. (주어[대상]+부사어[참조]+서술어) N₁은 N₂와 A / 这个东西和真的没什么两样。

33. 단조롭다: 해안선이 굴곡이 없어 단조롭다. (주어[대상]+부사어[원인]+서술어) N₁이 N₂이 A / 海岸线因为没有曲折而显得单调。

34. 대견하다: 어머니는 어려움을 이겨내는 아들이 대견하다. (주어[경험자]+주어[대상]+서술어) N₁은 N₂이 A / 妈妈觉得克服困难的儿子很伟大。

35. 덜하다: 더위가 작년보다 덜하다. (주어[대상]+부사어[참조]+서술어) N₁이 N₂보다 A / 今年没有去年热。

36. 동일하다: 내 생각은 당신 생각과 거의 동일하다. (주어[대상]+부사어[참조]+서술어) N₁은 N₂과 A / 我的想法和你一样。

37. 두렵다: 나는 그 여자가 두렵다. (주어[경험자]+주어[대상]+서술어) N₁은 N₂가/이 A / 我怕那个女孩子。

38. 똑같다: 정사각형은 네 변의 길이가 똑같다. (주어[대상]+부사어[속성]+서술어) N₁은 N₂가/이 A / 正方形的四条边一样长。

39. 멀다: 집에서 버스 정류장까지 멀다. (주어[기점]+부사어[착점]+서술어) N₁에서 N₂까지 A / 从家到公交车站远。

40. 무겁다: 그녀는 보기보다 무겁다. (주어[해당자]+부사어[참조]+서술어) N₁은 N₂보다 A / 那个女孩子比想象的重。

41. 무관하다: 이번 일은 너와 무관하다. (주어[대상]+부사어[참조]+서술어) N₁은 N₂와 A / 这个事情与你无关。

42. 무성하다: 산에 수목이 무성하다. (부사어[처소]+주어[대상]+서술어) N₁에 N₂가/이 A / 树木繁茂。

43. 미심쩍다: 나는 그의 눈초리가 미심쩍다. (주어[경험자]+주어[대상]+서술어) N₁은 N₂가/이 A / 我觉得他的眼神很古怪。

44. 미안하다: 나는 아내에게 미안하였다. (주어[경험자]+부사어[대상]+서술어) N₁은 N₂에게 A / 我觉得对不起老婆。

45. 민감하다: 그 사람은 돈 문제에 민감하다. (주어[해당자]+부사어[대상]+서술어) N₁은 N₂에 A / 那个人对钱的问题敏感。

46. 밉다: 나는 거짓말하는 사람이 가장 밉다. (주어[경험자]+주어[대상]+서술어) N₁은 N₂가/이 A / 我最讨厌说谎的人。

47. 반갑다: 나는 그 손님이 무척 반갑다. (주어[경험자]+주어[대상]+서술어) N₁은 N₂가/이 A / 我非常欢迎那位客人。

48. 부끄럽다: 나는 거짓말을 한 내 자신이 부끄럽다. (주어[경험자]+주어[대상]+서술어) N₁은 N₂가/이 A / 我因自己说谎而感到羞愧。

49. 부럽다: 선수들은 우승한 상대편이 부러웠다. (주어[경험자]+주어[대상]+서술어) N₁은 N₂가/이 A / 选手很羡慕获胜的对方。

50. 불과하다: 분교의 학생은 다섯 명에 불과하다. (주어[해당자]+부사어[범위]+서술어) N₁은 N₂에 A / 分校的学生只有五名。

51. 비슷하다: 영희의 성격은 아버지와 비슷하다. (주어[대상]+부사어[참조]+서술어) N₁은 N₂와 A / 英姬的性格和爸爸很像。

52. 빽빽하다: 산이 나무로 빽빽하다. (주어[처소]+부사어[대상]+서술어) N₁이 N₂로 A / 山上全是树。

53. 하다: 완도에 김 양식이 성하다. (부사어[처소]+주어[대상]+서술어) N₁에는 N₂가 A / 湾岛的紫菜很结实。

54. 소용없다: 이런 병에는 어떤 약도 소용없다. (주어[대상]+부사어[도구]+서술어) N₁에는 N₂도 A / 这种病，用什么药都不管用。

55. 소중하다: 나는 가족이 소중하다. (주어[경험자]+주어[대상]+서술어) N₁은 N₂이 A / 家人对我来说很重要。

56. 수월하다: 이 도서실은 자료 찾기가 수월하다. (주어[처소]+부사어[대상]+서술어) N₁은 N₂가 A / 这个图书馆找资料很方便。

57. 시끄럽다: 악대는 소리가 몹시 시끄럽다. (주어[해당자]+주어[속성]+서술어) N₁은

N₂가/이 A / 乐队的声音很吵。

58. 심하다: 이번 일은 내가 심했다. (주어[대상]+주어[경험자]+서술어) N₁은 N₂가/이 A / 这次的事情我过分了。

59. 싫다: 나는 공부가 싫다. (주어[경험자]+주어[속성]+서술어) N₁은 N₂가/이 A / 我讨厌学习。

60. 아니다: 그는 군인이 아니다. (주어[해당자]+주어[대상]+서술어) N₁은 N₂이 A / 他不是军人。

61. 알맞다: 옷차림이 학생 신분에 알맞다. (주어[대상]+부사어[자격]+서술어) N₁이 N₂에 A / 穿着适合学生的身份。

62. 예쁘다: 그녀는 인형처럼 예뻤다. (주어[해당자]+부사어[대상]+서술어) N₁은 N₂처럼 A / 她像娃娃一样可爱。

63. 우스꽝스럽다: 그녀는 생김새가 우스꽝스럽다. (주어[해당자]+주어[속성]+서술어) N₁은 N₂가/이 A / 她的长相很有意思。

64. 유명하다: 온양은 온천으로 유명하다. (주어[처소]+부사어[대상]+서술어) N₁은 N₂으로 A / 温阳因温泉而有名。

65. 유리하다: 여름 계절풍은 벼농사에 유리하다. (주어[대상]+부사어[대상]+서술어) N₁은 N₂에 A / 夏季的季节风对种地很有利。

66. 유익하다: 책은 아이들 교육에 유익하다. (주어[해당자]+부사어[대상]+서술어) N₁은 N₂에 A / 书对孩子教育很有益。

67. 유일하다: 그런 유적은 전 세계에 유일하다. (주어[대상]+부사어[범위]+서술어) N₁은 N₂에 A / 这种古遗址世界上是唯一的。

68. 있다: 영희에게 좋은 일이 있다. (부사어[해당자]+주어[대상]+서술어) N₁에게 N₂이 A / 英姬有好事情。

69. 작다: 우리 집은 앞집보다 작다. (주어[처소]+부사어[참조]+서술어) N₁은 N₂보다 A / 我们家比前屋小。

70. 잔인하다: 그의 말은 나에게 너무나도 잔인했다. (주어[대상]+부사어[대상]+서술어) N₁은 N₂에게 A / 她的话对我来说很残忍。

71. 조용하다: 신부는 부처와 같이 조용하다. (주어[해당자]+부사어[대상]+서술어) N₁은 N₂같이 A / 新娘子像菩萨一样安静。

72. 좋다: 누나는 음식 솜씨가 좋다. (주어[해당자]+주어[속성]+서술어) N₁은 N₂가/이 A / 姐姐做菜的手艺很好。

73. 중요하다: 선거는 민주 정치에 매우 중요하다. (주어[대상]+부사어[대상]+서술어) N₁은 N₂에 A / 选举对民主政治很重要。
74. 지극하다: 그녀는 효성이 지극하다. (주어[해당자]+주어[속성]+서술어) N₁은 N₂이 A / 那个女孩子的孝心很伟大。
75. 짧다: 토끼는 뒷발이 짧다. (주어[해당자]+주어[속성]+서술어) N₁은 N₂이 A / 兔子的后腿短。
76. 초연하다: 그 사람은 돈 문제에 초연하다. (주어[해당자]+부사어[대상]+서술어) N₁은 N₂에 A / 那个人对钱的问题比较敏感。
77. 촘촘하다: 하늘에 별이 {촘촘하다}. (부사어[처소]+주어[대상]+서술어) N₁에 N₂이 A / 天上有很多星星。
78. 합당하다: 그 일은 부녀자들에게 합당하다. (주어[대상]+부사어[대상]+서술어) N₁은 N₂에게 A / 这事情对父女来说很合理。
79. 해롭다: 담배는 건강에 해롭다. (주어[해당자]+부사어[대상]+서술어) N₁은 N₂에 A / 抽烟有害于健康。
80. 허술하다: 그 지역은 경비가 {허술하다}. (부사어[처소]+주어[대상]+서술어) N₁은 N₂가/이 A / 这个地方的警备很松。
81. 흥건하다: 바닥에 물이 {흥건하다}. (부사어[처소]+주어[대상]+서술어) N₁에 N₂이 A / 地上有很多水。
82. 희다: 그녀의 얼굴은 종잇장처럼 {희다}. (주어[대상]+부사어[참조]+서술어) N₁은 N₂처럼 A / 那个女孩子的脸像白纸一样白。
83. 귀중하다: 일하는 데는 인화가 귀중하다. (부사어[처소]+주어[대상]+서술어) N₁은 N₂가/이 A / 做事的时候人员很重要。
84. 나쁘다: 담배는 건강에 나쁘다. (주어[해당자]+부사어[대상]+서술어) N₁는 N₂에 A / 抽烟有害健康。
85. 난처하다: 영희는 입장이 난처하다. (주어[해당자]+부사어[속성]+서술어) N₁는 N₂이/가 A / 英姬的立场很尴尬。
86. 날카롭다: 그녀는 가벼운 농담에도 {날카롭다} (주어[해당자]+부사어[대상]+서술어) N₁은 N₂에 A / 她对轻微的玩笑也很敏感。
87. 분하다: 믿었던 사람에게 배신당한 것이 {분했다}. (부사어[대상]+주어[결과]+서술어) N₁에게 N₂가/이 A / 被相信的朋友背叛令人愤慨。
88. 불편하다: 저는 다리가 {불편하다} (주어[해당자]+주어[속성]+서술어) N₁은 N₂이

A / 我的腿不方便。

89. 섭섭하다: 영희의 행동에 아버지는 섭섭했다. (부사어[대상]+주어[경험자]+서술어) N₁에 N₂는 A / 对于英姬的行为，爸爸感到很伤心。

90. 심하다: 이번 일은 네가 {심했다}. (주어[대상]+주어[경험자]+서술어) N₁은 N₂가/이 A / 这次的事情你有点过分了。

91. 쓰라리다: 며칠을 굶었더니 속이 {쓰라리다}. (부사어[원인]+주어[속성]+서술어 / 饿了几天，感觉烧心。

92. 어렵다: 영희에게 시험 문제는 {어렵다}. (부사어[경험자]+주어[대상]+서술어) N1에게 N₂은/는 A / 对英姬来说，这个试卷很难。

93. 역력하다: 흥분과 불안이 얼굴에 {역력하다}. (주어[대상]+부사어[대상]+서술어) N₁이 N₂에 A / 脸上充满了兴奋和不安。

94. 자랑스럽다: 아버지는 상을 받은 아들이 자랑스럽다. (주어[경험자]+주어[대상]+서술어) N₁은 N₂이 A / 爸爸因得奖的儿子而自豪。

95. 적합하다: 기후가 벼농사에 적합하다. (주어[해당자]+부사어[대상]+서술어) N₁가 N₂에 A / 这个气候很适合种地。

96. 판이하다: 이전과는 양상이 {판이하다}. (주어[참조]+주어[대상]+서술어) N₁은 N₂이 A / 和以前的模样完全不一样。

97. 포근하다: 대지는 어머니의 품처럼 포근하다. (주어[대상]+부사어[대상]+서술어) N₁은 N₂처럼 A / 大地像母亲的怀抱一样温暖。

2) 중국어 2가 형용사

98. 安心 : 他学习挺安心。 주어[행위자]+주어[범위]+서술어 / N₁+N₂+A / 그는 열심히 공부한다.

99. 霸道 : 他处理同志关系很霸道。 주어[행위자]+주어[범위]+서술어 / N₁+N₂+A / 그는 친구관계의 문제에서 독재적이다.

100. 不错 : 他对谁都不错。 주어[행위자]+부사어[대상]+서술어 / N₁+对+N₂+A / 그는 모든 사람을 잘 대한다.

101. 草率 : 他处理事情太草率。 주어[행위자]+주어[범위]+서술어 / N₁+N₂+A / 그는 문제해결에서 너무 경솔하다.

102. 诚恳 : 他对人很诚恳。 주어[행위자]+부사어[대상]+서술어 / N_1+对+N_2+A / 그는 사람을 진심으로 대한다.

103. 粗心 : 他对工作很粗心。 주어[행위자]+부사어[대상]+서술어 / N_1+对+N_2+A / 그는 일처리에서 세심하지 않다.

104. 他做作业很粗心。 주어[행위자]+주어[범위]+서술어 / N_1+N_2+A / 그는 숙제를 세심하게 하지 않는다.

105. 粗野 : 小王对家人更粗野了。 주어[행위자]+부사어[대상]+서술어 / N_1+对+N_2+A / 왕 선생은 가족에 대해 야만적이다.

106. 呆板 : 他演电影很呆板。 주어[행위자]+주어[범위]+서술어 / N_1+N_2+A / 그가 찍은 영화는 너무 단조롭다.

107. 淡薄 : 他对象棋的兴趣逐渐淡薄了。 주어[행위자]+부사어[대상]+서술어 / N_1+对+N_2+A / 그는 바둑에 대해 점점 흥취를 잃어가고 있다.

108. 淡漠 : 他对名利很淡漠。 주어[행위자]+부사어[대상]+서술어 / N_1+对+N_2+A / 그는 명예에 대해 아주 냉담하다.

109. 不对 : 他们处理问题不对。 주어[행위자]+주어[범위]+서술어 / N_1+N_2+A / 그의 문제해결 방식은 틀렸다.

110. 愤慨 : 他们对敌人的罪行非常愤愤慨。 주어[행위자]+부사어[대상]+서술어 / N_1+对+N_2+A / 그들은 적들의 죄행에 격분한다.

111. 肤浅 : 他对社会的认识很肤浅。 주어[행위자]+부사어[대상]+서술어 / N_1+对+N_2+A / 그는 사회에 대한 인식이 얕다.

112. 浮 : 小张办事太浮。 주어[행위자]+주어[범위]+서술어 $N1$+$N2$+A / 장 선생은 일처리에서 경솔하다.

113. 负责 : 他们对工作極端负责。 주어[행위자]+부사어[대상]+서술어 / N_1+对+N_2+A / 그들은 일에 대해 책임감이 강하다.

114. 高兴 : 他分到北京很高兴。 주어[경험자]+주어[대상]+서술어 / N_1+N_2+A / 그는 북경에 배치되어 기뻐한다.

115. 古板 : 张局长办事古板。 주어[행위자]+주어[범위]+서술어 / N_1+N_2+A / N_2+A+N_1 장 국장은 일처리에서 고지식하다.

116. 古怪 : 他为人处事很古怪。 주어[행위자]+주어[범위]+서술어 / N_1+N_2+A / 그의 일처리는 이상하다.

117. 光滑 : 衣料摸起来相當光滑。 주어[해당자]+주어[범위]+서술어 / N_1+N_2+A / 옷감

이 부드럽다.

118. 果断 : 他办事果断。 주어[행위자]+주어[범위]+서술어 / N_1+N_2+A / 그는 일처리에서 결단력이 있다.

119. 害羞 : 她见了生人就害羞。 주어[경험자]+주어[범위]+서술어 / N_1+N_2+A / 그는 낯선 사람을 보면 부끄러움을 탄다.

120. 含糊 : 他办事没含糊过。 주어[행위자]+주어[범위]+서술어 / N_1+N_2+A / 그는 일처리에서 우유부단하지 않는다.

121. 寒心 : 看到这種局面我很寒心。 주어[범위]+주어[경험자]+서술어 / N_1+N_2+A 이런 국면을 본 나는 마음이 시리다.

122. 好奇 : 孩子对什么都好奇。 주어[행위자]+부사어[대상]+서술어 / N_1+대$+N_2+A$ / 애들은 모든 일이 신기하다.

123. 和气 : 他对人和氣。 주어[행위자]+부사어[대상]+서술어 / N_1+대$+N_2+A$ / 그는 사람에 대해 관대하다.

124. 厚道 : 他对同志可厚道了。 주어[행위자]+부사어[대상]+서술어 / N_1+대$+N_2+A$ / 그는 친구에 대해 관대하다.

125. 积极 : 他搞體育活動很积极。 주어[행위자]+주어[범위]+서술어 / N_1+N_2+A / 그는 체육활동에서 아주 적극이다.

126. 假 : 他待人接物太假。 주어[행위자]+주어[범위]+서술어 / N_1+N_2+A / 그는 모든 일에 너무 가식적이다.

127. 尖锐 : 他看问题很尖锐。 주어[행위자]+주어[범위]+서술어 / N_1+N_2+A / 그는 문제를 예리하게 분석한다.

128. 谨慎 : 老张处理问题特别谨慎。 주어[행위자]+주어[범위]+서술어 / N_1+N_2+A / 장 선생은 문제처리에서 아주 신중하다.

129. 惊奇 : 听了这个故事, 小李十分驚奇。 주어[범위]+주어[경험자]+서술어 / N_1+N_2+A / 이 이야기를 들은 이 선생은 놀라움을 금치 못했다.

130. 精 : 老马办事很精。 주어[행위자]+주어[범위]+서술어 / N_1+N_2+A / 마 선생은 일처리에서 똑똑하다.

131. 精心 : 他对自己分管的工作特别精心。 주어[행위자]+부사어[대상]+서술어 / N_1+대$+N_2+A$ / 그는 자기가 맡은 일에 대해 정성을 다한다.

132. 拘束 : 她见了生人就拘束。 주어[행위자]+주어[범위]+서술어 / N_1+N_2+A / 그는 낯선 사람을 보면 어색해 한다.

133. 倔 : 他倔了一辈子。 주어[해당자]+서술어+목적어[결과] / N_1+A+Q 그는 한 평생 고집이 세다.

134. 困难 : 他當时想吃饱饭都很困难。 주어[경험자]+주어[범위]+서술어 N_1+N_2+A / 그 때 당시 그는 배불리 먹기도 어려웠다.

135. 牢靠 : 他办事牢靠。 주어[행위자]+주어[대상]+서술어 N_1+N_2+A / 그는 일을 야무지게 한다.

136. 乐观 : 李明对自己的前途很乐观。 주어[경험자]+부사어[대상]+서술어 / N_1+对+N_2+A / 이명은 자신의 앞날에 대해 낙천적이다.

137. 冷淡 : 张枫对人非常冷淡。 주어[행위자]+부사어[대상]+서술어 / N_1+对+N_2+A / 장품은 사람에 대해 아주 차갑다.

138. 冷静 : 主任处理问题很冷静。 주어[행위자]+주어[범위]+서술어 / N_1+N_2+A / 주임은 일처리에서 침착하다.

139. 冷酷 : 他待人很冷酷。 주어[행위자]+주어[범위]+서술어 / N_1+N_2+A / 그는 사람을 대하는 것이 잔인하다.

140. 冷漠 : 他对其他事情都很冷漠。 주어[행위자]+부사어[대상]+서술어 / N_1+对+N_2+A / 그는 다른 일에 대해 냉담하다.

141. 麻烦 : 你们遇到这種事也很麻烦。 주어[경험자]+주어[범위]+서술어 / N_1+N_2+A / 이런 문제에 부딪친 당신들은 번거로울 것이다.

142. 满意 : 代表们对城市的绿化工作很满意。 주어[경험자]+부사어[대상]+서술어 / N_1+对+N_2+A / 대표들은 도시의 녹색작업에 대해 만족한다.

143. 慢 : 老张办事太慢。 주어[행위자]+주어[범위]+서술어 / N_1+N_2+A / 장 선생은 일처리에서 늦다.

144. 猛 : 他下棋太猛。 주어[행위자]+주어[범위]+서술어 / N_1+N_2+A / 그는 바둑을 두는 것이 사납다.

145. 腼腆 : 他见着生人还很腼腆。 주어[행위자]+주어[범위]+서술어 / N_1+N_2+A / 그는 낯선 사람을 보면 수줍어한다.

146. 敏感 : 动物对天氣的变化很敏感。 주어[행위자]+부사어[대상]+서술어 / N_1+对+N_2+A / 동물은 날씨의 변화에 대하여 민감하다.

147. 明智 : 他处理问题比较明智。 주어[행위자]+주어[범위]+서술어 / N_1+N_2+A / 그는 일처리에서 똑똑하다.

148. 浓厚 : 他对少数民族的服装有浓厚的兴趣。 주어[행위자]+부사어[대상]+서술어 / N_1+

부록 159

对+N₂+A / 그는 소수민족의 복장에 대하여 깊은 흥취를 갖고 있다

149. 平等 : 他们对待男人不平等。 주어[행위자]+부사어[대상]+서술어 / N₁+N₂+A / 그들은 남자에 대해 불평등하다.

150. 平稳 : 他开车平稳。 주어[행위자]+주어[범위]+서술어 / N₁+N₂+A / 그는 운전이 흔들리지 않는다.

151. 迫切 : 他们对工程技术人员的要求很迫切。 주어[행위자]+부사어[대상]+서술어 / N₁+N₂+A / 그들은 기술자에 대한 수요가 다급하다.

152. 奇怪 : 这辆出租车样子真奇怪。 주어[해당자]+주어[속성자]+서술어 / N₁+N₂+A / 이 자동차의 외관은 이상하다.

153. 恰当 : 你对他的评价比较恰当。 주어[행위자]+부사어[대상]+서술어 / N₁+N₂+A / 영희가 그에 대한 평가가 합당하다.

154. 亲热 : 他们对孩子不那么亲热。 주어[행위자]+부사어[대상]+서술어 / N₁+对+N₂+A / 그들은 애들에 대해 친절하지 않다.

155. 轻快 : 这曲子改幾个地方就轻快了。 주어[행위자]+주어[범위]+서술어 / N₁+N₂+A / 이 곡은 몇군데만 고치면 경쾌할 것이다.

156. 清楚 : 老李看问题很清楚。 주어[행위자]+주어[범위]+서술어 / N₁+N₂+A / 그는 문제를 보는 것이 뚜렷하다.

157. 他对那段历史太清楚了。 주어[행위자]+부사어[대상]+서술어 / N₁+对+N₂+A / 그는 그때 역사에 대해 똑똑히 알고 있다.

158. 全面 : 他考虑问题很全面。 주어[행위자]+주어[범위]+서술어 / N₁+N₂+A / 그는 문제를 사고하는데 전면적이다.

159. 热心 : 老李对大家的事很热心。 주어[행위자]+부사어[대상]+서술어 / N₁+对+N₂+A / 이 선생은 친구들의 일에 대해 친절하다.

160. 仁慈 : 他对敌人太仁慈了。 주어[행위자]+부사어[대상]+서술어 / N₁+对+N₂+A / 그는 적에 대해 인자하다.

161. 认真 : 他办什么事都很认真。 주어[행위자]+부사어[대상]+서술어 / N₁+N₂+A / 그는 모든 일에 진지하다.

162. 慎重 : 他处理问题很慎重。 주어[행위자]+주어[범위]+서술어 / N₁+N₂+A / 그는 문제 처리에서 침착하다.

163. 实在 : 他待人很实在。 주어[행위자]+주어[범위]+서술어 / N₁+N₂+A / 그는 사람에 대해 솔직하다.

164. 適當：他选择的场合很適當。 주어[행위자]+주어[속성자]+서술어 / N₁+N₂+A / 그가 선택한 장소는 합당하다.

165. 熟：他对这儿的情况大概不熟。 주어[행위자]+부사어[대상]+서술어 / N₁+对+N₂+A / 그는 여기의 상황에 대해 익숙하지 않다.

166. 爽快：主任办事挺爽快。 주어[행위자]+주어[범위]+서술어 / N₁+N₂+A / 주임은 일 처리에서 시원시원하다.

167. 坦率：他跟我交谈很坦率。 주어[행위자]+부사어[대상]+서술어 / N₁+N₂+A / 나는 그와 솔직한 대화를 하였다.

168. 特殊：他处理问题很特殊。 주어[행위자]+주어[대상]+서술어 / N₁+N₂+A / 그는 문제처리에서 특별하다.

169. 透彻：他对这个问题的分析很透彻。 주어[행위자]+부사어[대상]+서술어 / N₁+对+N₂+A / 그는 문제에 대한 분석이 투철하다.

170. 颓丧：老李情绪很颓丧。 주어[경험자]+주어[속성]+서술어 / N₁+N₂+A / 이 선생의 기분이 의기소침하다.

171. 拖拉：学生交作业从不拖拉。 주어[행위자]+주어[범위]+서술어 / N₁+N₂+A / 학생들은 숙제를 제때에 받친다.

172. 妥当：他在会议的发言不妥当。 주어[행위자]+부사어[대상]+서술어 / N₁+N₂+A / 그는 회의에서의 발언이 합당하다.

173. 温和：他待人很温和。 주어[행위자]+주어[대상]+서술어 / N₁+N₂+A / 그는 사람에 대해 따뜻하다.

174. 细致：小李搞材料细致。 주어[행위자]+주어[범위]+서술어 / N₁+N₂+A / 이 선생은 자료를 다루는 것이 섬세하다.

175.   相似：猴子跟猿相似。 주어[해당자]+부사어[대상]+서술어 / N₁+跟+N₂+A / 원숭이는 유인원과 비슷하다.

176. 消极：小李学习很消极。 주어[행위자]+주어[범위]+서술어 / N₁+N₂+A / 이 선생은 학습에서 소극적이다.

177. 他对形势的计划太消极。 주어[행위자]+부사어[대상]+서술어 / N₁+对+N₂+A / 그는 형세에 대한 계획이 소극적이다.

178. 虚心：他学习外语很虚心。 주어[행위자]+주어[대상]+서술어 / N₁+N₂+A / 그는 외국어를 허심하게 학습한다.

179. 他向人请教问题虚心。 주어[행위자]+부사어[대상]+서술어 / N₁+N₂+A / 그는 다른

사람에게 허심하게 물어본다.

180. 严：领导要求自己很严。 주어[대상]+주어[대상]+서술어 / N_1+N_2+A / 지도자는 자기에 대한 요구가 엄격하다.
181. 他对孩子才严呢。 주어[행위자]+부사어[대상]+서술어 / N_1+대$+N_2+A$ / 그는 아이에 대해 엄격하다.
182. 严格：他对自己要求很严格。 주어[행위자]+부사어[대상]+서술어 / N_1+대$+N_2+A$ / 그는 자신에 대한 요구가 엄격하다.
183. 严厉：他批评人很严厉。 주어[행위자]+주어[대상]+서술어 / N_1+N_2+A / 그는 다른 사람을 엄격하게 비평한다.
184. 严肃：他做报告很严肃。 주어[행위자]+주어[범위]+서술어 / N_1+N_2+A / 그는 보고하는 자세가 엄숙하다.
185. 要强：他干工作很要强。 주어[행위자]+주어[대상]+서술어 / N_1+N_2+A / 그는 일에 대해 승부욕이 강하다.
186. 殷勤：他接待客人很殷勤。 주어[행위자]+주어[대상]+서술어 / N_1+N_2+A / 그는 손님을 정성스럽게 모신다.
187. 幼稚：他们在政治上很幼稚。 주어[행위자]+부사어[대상]+서술어 / N_1+N_2+A / 그는 정치문제에서 유치하다.
188. 愉快：他回到北京很愉快。 주어[경험자]+주어[범위]+서술어 N_1+N_2+A / 북경에 돌아온 그는 기뻐한다.
189. 远：廣州離北京很远。 주어[기점]+부사어[착점]+서술어 / N_1+N_2+A / 광주는 북경에서 멀다.
190. 真诚：他对祖国的教育事业十分真诚。 주어[행위자]+부사어[대상]+서술어 / N_1+대$+N_2+A$ / 그는 조국의 교육사업에 대해 성실하다.
191. 直接：我跟他说话很直接。 주어[행위자]+부사어[대상]+서술어 / N_1+N_2+A / 나는 그와 대화할 때 직접적이다.
192. 忠诚：小张对国家的科研事业十分忠诚。 주어[행위자]+부사어[대상]+서술어 / N_1+N_2+A / 장 선생은 나라의 과학연구 사업에 대해 충성적이다.
193. 忠实：他对人很忠实。 주어[행위자]+부사어[대상]+서술어 / N_1+대$+N_2+A$ / 그는 사람에 대해 충실하다.
194. 周到：他考虑问题很周到。 주어[행위자]+주어[범위]+서술어 / N_1+N_2+A / 그는 문제를 사고하는데 치밀하다.

195. 含蓄 : 他讲话比较含蓄。 주어[해당자]+부사어[참조]+서술어 / N_1+N_2+A / 그의 대답이 애매모호하다.

196. 欢喜 : 这样做, 大家都欢喜。 주어[범위]+주어[경험자]+서술어 / N_1+N_2+A / 이렇게 하면 모든 사람이 좋아한다.

197. 便宜 : 老张吃饭便宜。 주어[행위자]+주어[범위]+서술어 / N_1+N_2+A / 장 선생은 밥을 싸게 사 먹는다.

198. 轻 : 体重轻了几斤。 주어[속성자]+서술어+빈어[결과] / N_1+A+Q / 몸무게가 몇 키로 내려갔다.

199. 热情 : 她接待顾客很热情。 주어[행위자]+주어[범위]+서술어 / N_1+N_2+A / 그는 손님 접대에 열정적이다.

이화자(李花子)

중국 길림성 영길현 출생이며 중국 연변대학교에서 초등학교교육학과 학부를 졸업하고 중국 상해외국어대학교에서 문학석사와 문학박사 학위를 받았다. 현재 중국 상해공정기술대학교 국제 창의 디자인학원(上海工程技术大学国际创艺设计学院)에서 전임 강사로 재직하고 있다. 저서로는 『한국어 '이다'와 중국어 '是'의 대조연구』, 논문으로는 「가상현실 기술을 이용한 한국어 교육의 응용연구」, 「한국어 '것이다'와 중국어 '是……的'의 대조연구」, 「중국 한국어 쓰기 교재의 연습문제 유형 분석」 등이 있다.

한중 2가 형용사의 대조연구

초판 1쇄 인쇄　2025년 9월 18일
초판 1쇄 발행　2025년 9월 30일

지은이 이화자(李花子)
펴낸이 이대현
편집 이태곤 권분옥 임애정 강윤경
디자인 안혜진 최선주 김다윤 | 마케팅 박태훈
펴낸곳 도서출판 역락 | 등록 1999년 4월 19일 제303-2002-000014호
주소 서울시 서초구 동광로46길 6-6 문창빌딩 2층(우06589)
전화 02-3409-2060(편집부), 2058(영업부) | 팩스 02-3409-2059
전자우편 youkrack@hanmail.net | 홈페이지 www.youkrackbooks.com

ISBN 979-11-7396-171-7 93710

字數 106,014字

정가는 뒤표지에 있습니다.
파본은 교환해 드립니다.